한 방에 끝내는
실전 공부법

한 방에 끝내는
실전 공부법

초판 1쇄 인쇄 2021년 4월 15일
초판 1쇄 발행 2021년 4월 20일

지은이 | 고성관 구섬광 김미원 김수정 박기철 이수미 이혜은 최현경 황산
펴낸이 | 강인구
펴낸곳 | 누림북스
등 록 | 제2014-000144호
주 소 | 서울시 종로구 삼일대로 428 낙원상가 5층 500-8호
전 화 | 02-3144-3500
팩 스 | 02-6008-5712
이메일 | cdgn@daum.net
디자인 | 참디자인

ISBN 979-11-87025-94-8 (43030)

누림북스는 세움북스의 인문 · 사회 · 심리학 · 어학 임프린트입니다.

한 방에 끝내는
실전 공부법

고성관 · 구섬광 · 김미원 · 김수정 · 박기철 · 이수미 · 이혜은 · 최현경 · 황산

누림북스

이 책을 읽으면

- 이 책은 공부 때문에 고민하고 좌절하고 온갖 노력과 시도를 멈추지 않는 학생들의 공부에 도움이 되는 실전공부법을 담은 책입니다.
- 이 책을 읽으면 학생은 스스로 공부할 이유를 발견하고 자신의 공부법을 진단할 수 있습니다.
- 이 책을 읽고 자신에게 가장 효과적인 공부법을 발견한다면 실력이 도약하게 됩니다.
- 이 책을 읽는 부모는 자녀의 공부를 돕는 실제적인 지혜를 얻을 수 있습니다. 부모들이 흔히 지니는 그릇된 태도와 치명적인 오류들을 발견하게 됩니다.
- 이 책은 교육현장에서 학습코칭과 진로컨설팅, 과목 교육에서 최고의 현장 전문가들의 경험과 통계, 그리고 실전 노하우를 담고 있습니다.
- 이 책은 읽기에 어렵지 않고 지겹지 않습니다. 높은 가독성을 지니고 있습니다. 복잡한 학습 이론이나 거추장스러운 정보들을 제거하고 꼭 필요한 내용만 담았습니다.

이 책의 특징 : S.M.A.R.T.

Simple. 단순하다
읽기만 하면 적용하고 써먹을 수 있는 핵심들을 추렸다.

Method. 구체적인 방법을 제시한다
공부는 방법이다. 자신에게 적절한 방법에 충실하면 원리는 저절로 터득된다.

Autonomy. 자율적 학습의 길을 뚫는다
스스로 공부하는 힘을 길러주는 자기 주도 학습(self-directed learning)의 비법을 모았다.

Realistic. 현실적이고 생생하다
생생한 교육 현장의 목소리와 지혜를 들려준다.

Technique. 공부의 기법과 노하우에 집중한다
현장에서 실제 사용되는 공부법들과 성공적인 상담 사례들을 담았다.

이 책을 읽으면 좋은 분들

- 중학생 : 중학생이면 꼭 읽어야 할 내용을 담고 있습니다. 이 책을 읽고 최상의 효과를 얻을 수 있는 단계의 학생은 초등 6학년 ~ 고교 2학년입니다. 중학생의 필독서입니다.
- 고등학생 : 본격적인 공부를 시작하는 고1은 이 책을 읽은 이후 공부를 시작하세요. 고2도 공부법을 검토하고 실천하세요. 고3이라도 늦지 않습니다. 가장 필요한 정보와 전략을 발견할 수 있을 것입니다.
- 초등학교 4-6학년 어린이 : 본격적인 학습을 시작하는 단계이므로 꼭 필요하고 매우 유익합니다. 공부의 세계로 들어가는 지도를 손에 쥐게 됩니다.
- 초등학생 부모 : 초-중-고로 이어지는 공부의 흐름을 발견하고 자녀의 진로와 학업의 전략을 발견할 수 있습니다.
- 중고등학생 부모 : 부모의 실수와 오류를 극복하고 가장 지혜롭게 자녀를 돕는 사랑의 지혜를 발견하게 합니다. 먼저 읽고 자녀에게 선물하세요.
- 교육현장의 교육자와 상담자 : 공부법과 학습코칭, 컨설팅에 도움이 되는 통합적인 정보와 지식을 제공하고 있습니다.

 ## 교재의 구성

이 책은 제1부 상담사례, 제2부 공부 근력 키우기, 제3부 실전 과목 공부법의 순서로 구성되어 있습니다. 그 세부 내용은 목차를 통해 살펴 보세요.

1부-2부-3부의 순서는 〈스토리 듣기-방법론 찾기-과목 실전 익히기〉의 순서로 책읽기의 효과를 극대화하는 과학적인 배열로 배치하였습니다.

이 책은 현장의 목소리와 경험을 그대로 담는 방식으로 구성하였습니다. 친한 친구나 신뢰하는 선생님이 나에게 꼭 필요한 이야기를 들려주는 방식으로 서술되었습니다.

🧠 이렇게 읽으세요

1. 먼저 제1장 상담사례부터 읽으세요. 스토리텔링에는 놀라운 힘이 있습니다. 다른 학생들과 부모들의 이야기를 읽으면 그 속에 공부법의 많은 비밀이 담겨 있습니다. 생생하고 짜릿한 이야기, 명쾌하고도 통쾌한 현장 이야기, 그 이야기가 바로 나 자신의 이야기임을 알게 될 것입니다. 공부에 절망하고 실패하고 오류를 반복한 학생들과 부모들의 경험을 통해 배우십시오. 그들의 자기 극복 스토리를 통해 나의 기적 이야기를 쓰기 시작하세요.

2. 가볍고 즐거운 마음으로 읽으세요. 누군가의 이야기를 듣는 마음으로 귀 기울이세요.

3. 보물찾기를 하는 마음으로 살펴보세요. 어디선가 나에게 꼭 필요한 보물을 발견하게 될 것입니다.

4. 나에게 적합한 공부 방법 '3개'를 발견하고자 하는 목표로 읽으세요. 쓸모없는 공부법 이론이나 장황한 학습 원리를 담은 책 10권을 읽어도 실력이 늘어나지 않습니다. 시간만 낭비합니다. 나에게 적절하지 않는 이론과 고급기술은 부담감만 안겨주고 오히려 공부 의욕을 떨어뜨리게 됩니다.

5. 실천하세요. 이 책을 읽고 결심한 것, 실천하고자 하는 공부법들을 3개월만 실천하세요. 실력이 향상되고 공부의 내공이 부쩍 늘어난 자기 자신을 발견하고 기뻐하게 될 것입니다.

목차

제3부 실전 과목별 학습법

제1부

상담사례

공부법을 터득하는 가장 좋은 방법은
이야기를 듣는 것이다.
여기 생생한 공부에의 모험과 인생 역전의 스토리,
그리고 지금도 진행 중인 눈물겨운 사연들이 담겨있다.
공부라는 괴물과 씨름하는 학생들의 절망과 두려움,
그 아픔과 분노를 녹이는 상담자의 진심과 지혜로운 조언,
학생의 가슴과 부모의 가슴이 만나는 소통과 조율의 과정들이
여기 그대로 녹아있다.

그들의 성공과 실패, 좌절과 극복의 서사 속에
온갖 공부법의 비밀들이 담겨 있다.
이 상담사례들은 교육현장에서 일어난 실화들이다.
이 이야기들을 읽는 이들은 알게 될 것이다.
이 이야기는 바로 나의 이야기임을.
우리 가정의 스토리임을.
나도 이런 기적적인 이야기의 주인공이 될 수 있음을.

너에게는 꿈을 이룰 아직 충분한 시간이 있어

– 기록습관을 통해 성적이 도약한 은우 이야기 –

김수정

대학교와 고등학교 및 다양한 교육기관에서 입학사정관과 교육연구원 등으로 근무하면서 오랫동안 수많은 학생들을 만나고 상담했다. 그 과정에서 깨닫게 된 한 가지 진리가 있다. 그것은 인간은 소우주라는 명제이다. 인간은 우주의 축소판이라는 의미에서 뜻깊은 철학적인 명제라고 할 수 있다. 하지만 이 명제는 과학적인 근거를 바탕으로 한 적확한 비유이다. 우주는 복잡한 그물망처럼 얽혀있는 뇌신경 체계와 같으며, 거대하고 복잡하게 얽혀 있어 아직 그 비밀이 다 드러나지 않은 미지의 세계이다. 이는 뇌 과학자와 천문학자가 수학적으로 비교하여 분석한 연구에서도 밝혀진 사실이다.

우리 각자는 자신이 지니고 있는 개성과 재능을 어떻게 발현하는 가에 따라 삶이 전혀 달라진다. 자신 속의 무한한 잠재력이 현실로 실현될 수 있다. 인간이 하나의 소우주라면, 이 우주라는 미지의 세계가 지닌 잠재력은 무한한 새로운 가능성을 발현할 수 있다는 것을 기억하라.

공부의 동기와 공부의 전략

학생들에게 '왜 공부를 해야 하느냐?'고 물으면 대답이 한결같다. '성공하기 위해서' 혹은 단기적으로는 '좋은 대학에 가기 위해서'라고 말한다. 그런데 좀더 자세하게 상담과 대화를 하면 자신의 목표가 뚜렷한 경우가 많지 않다. 그리고, 목표를 향한 내적 동기는 강한 학생인데 비효율적인 공부 방식을 반복하다가 성적이 잘 나오지 않는 경우도 많다. 물론 공부의 동기도 없고 전략도 없는 경우가 최악의 상황이다. 하지만 공부에 대한 의지와 열의는 강하지만 공부의 전략이 잘못된 경우 조금만 개선하면 놀라운 결과를 얻을 수 있다. 다음의 사례를 소개하고 싶다.

은우는 공부에 대한 동기는 매우 강했다. 명문대학에 진학하는 것을 목표로 삼고 학교에서 다양한 활동에 매우 적극적으로 참여했다. 수업시간에 잠을 자거나 존 적도 없었다. 그런데 성적은 중위권에서 벗어나지 못했다. 특별히 잘하는 교과가 있다고 하기 어렵고 중하위권 성적에서 오르락내리락을 반복하는 학생이었다. 은우의 책과 문방용품에는 명문대 로고가 그려진 스티커로 뒤덮여 있었다. 대학진학에 대한 열의는 차고 넘칠 지경이었다. 원하는 대학에 갈 만큼 성적이 나오지 않지만 '어떻게든 열심히 하다보면 갈 수 있겠지'라는 막연한 기대감이 있었던 것이다. 상담을 통해서 은우를 진단해 보니, 은우의 문제점은 효율성 없는 학습법에 있었다.

공부에서 동기란 상당히 중요한 동력원이다. 그러나 동기만으로 성적이 저절로 오르지 않는다. 공부동기와 공부전략은 함께 맞물려 돌아가는 톱니바퀴와 같다. 공부의 동기가 강하면 학습의 의욕을 돋우지만, 공부 전략은 그 의욕을 최대의 결과로 이끌어준다.

진단 – 열심히 공부한다는 착각

우선 은우의 공부전략에 어떤 취약점이 있는지 살펴보았다. 은우는 과목별로 새로운 교재에 대한 관심이 많았다. EBS교재를 비롯한 수많은 출판사의 개념서와 문제집을 가지고 있었다. 은우가 그 교재들로 얼마나 공부했는지 살펴보았다. 은우는 새로운 교재를 살펴보면서 조금 공부하다가 이내 다른 교재를 구입하는 습관에 젖어 있었다. 책들과 교재들이 책상과 책장에 점점 쌓여간다. 그렇게 쌓여가는 책의 양을 쳐다보면 학생은 마치 진열되어 있는 수많은 책들을 자신이 모두 다 섭렵한 듯이 느끼게 된다. 이는 착각이다. 스스로는 공부를 많이 하고 있다고 생각하게 되지만, 실상은 내실 있는 공부를 하고 있지 못하다는 것을 잘 깨닫지 못한다. 은우는 학원수업을 제외하고 4-5시간 정도는 매일 공부하고 있다고 했다.

은우에게 또 다른 문제점이 있었다. 은우의 성격은 활동적이고 사교적이다. 은우는 잠시 공부를 하다가도 친구들의 SNS 단톡방을 수시로 확인하고 소통하였다. 그리고 책상에 앉아 공부하면서 화장실을 자주 왔다갔다 하였다. 이는 장시간 공부를 하지 못하고 꾸준한 집중이 유지되지 못함을 보여주는 단서이다. 이를 발견하고 상담을 했다.

솔루션1 - 플래너로 시간을 기록하라

우선 은우에게 하루 시간의 사용내역을 꼼꼼히 적도록 했다. 매 10분 단위로 1시간마다 24시간의 하루를 어떻게 사용하고 있는지 기록하게 했다. 기록장을 사용하도록 했다. 깜박 기록장을 두고 가지고 가지 않은 경우에는 포스트잇에라도 간략히 적어놓도록 조언했다. 그 이후 반드시 기록장에 옮겨 적도록 하는 습관을 기르도록 하였다. 은우는 처음에는 성실하게 기록장을 적는 것처럼 보였는데 시간이 지나자 온갖 핑계들이 등장했다. 숙제를 하느라 바빠서 기록할 시간이 없었다거나 깜빡 잊어버리고 잠들었다는 등의 이유로 기록하지 못하는 이유를 말했다. 나름 이유가 있다. 누구든 그럴 수도 있다. 그간 하지 않았던 것을 하는 것은 귀찮은 일이고 회피하고 싶은 마음이 생기는 것은 당연하다.

하지만 기록이 습관화되고 스스로 기록을 좋아하게 되기까지는 노력이 필요하다. 그래서 기존의 잘못된 습관을 버리고 새로운 습관이 자리 잡도록 자기 관리를 해야 한다. 시간의 기록은 구체적인 계획을 세우고 실행했는지의 여부를 알 수 있게 한다. 그리고 지나온 나의 과거를 되돌아 볼 수 있게 해준다. 그리고 시간 관리의 지혜와 감각을 길러준다.

아무리 목표의식이 강한 학생이라 하더라도 매일 로봇처럼 공부하기는 어렵다. 공부를 하다보면 슬럼프도 생기고, 생각만큼 잘 되지 않아 고민이 많아지기도 한다. 그렇지만 습관이 자리 잡으면 강력한 학습의 도구가 된다. 은우는 책만이 아니라 문방용품에도 관심이 많았다. 은우는 플래너를 기록할 때 다양한 형광펜을 사용하고 명언을 적어 넣었다. 그렇게 하면서 기록의 재미를 붙여나갔다. 점점 익숙해지고 즐기면서 기록이 습관이 되어 갔다.

솔루션2 – 책의 단권화, 그리고 설명하기 기법

은우는 너무 많은 교재를 가지고 있었다. 그렇게 하면 어느 하나에 집중할 수가 없다. 은우에게 해법을 제공하였다. 과목별로 공부하는 책을 최대한 단권화하도록 하였다. 많은 교재를 사용하여 여기 저기 분산되어 있었던 기록 내용을 한 곳으로 모으는 것이다. 하나의 책 혹은 하나의 노트에 집중하는 것이다. 은우는 자신이 좋아하는 다양한 문방용품을 이용하여 '선택한 노트'에 집중화하는 훈련을 하였다.

단지 내용을 적는 데서 그치지 않고 공부한 내용을 녹음하게 했다. 은우는 평소에 친구에게 말하기를 즐겨한다. 친구가 옆에 있다고 가정하고 친구에게 공부하는 내용을 설명하면서 그것을 녹음하도록 했다. 그리고 녹음한 녹취 내용을 들으면서 잘못된 부분이나 설명이 부족한 부분을 다시 체크하고 공부하도록 했다.

은우는 기록습관을 통해 철저한 시간 관리를 하며 공부습관을 바꿔 나갔다. 그 결과 그간 부지불식간에 소모되는 시간낭비를 최소화하게 되었다. 자신의 외향적 성격을 바탕으로 '설명하기 훈련'을 통해 두려움 없이 발표하기를 즐겨하기 시작했다. 성적이 점차 상승세를 띠기 시작하고 어느 순간 상위권으로 올라가게 되었다. 마침내 가방에 붙인 스티커가 아니라 반짝거리는 대학 로고가 새겨진 옷을 입고 캠퍼스를 누비게 되었다.

월트 디즈니의 애니메이션 '피터팬'에 유명한 대사가 등장한다. You still have enough time to make your dream come true! 너에게는 꿈을 이룰 수 있는 충분한 시간이 여전히 있다!

딸이 외모 가꾸기에 빠져있어요! 도와주세요!

– 학습 스타일을 이해한 이후 놀라운 변신을 한 소윤이 –

이수미

나에게 진로학습코칭을 받고 있는 평촌의 어느 고등학교 2학년 여학생이 있다. 학습 코칭을 받은 지 한 달 만에 모의고사 성적이 30점이 올랐다. 비약적인 성적 상승이다. 학생의 어머니께서 너무 기뻐하면서 자신의 친구 딸을 소개해 주었다. 어떻게 한 달 만에 30점이 오를 수 있었을까? 단지 공부를 더 열심히 하는 방법에만 초점을 맞춘 코칭으로는 불가능했을 것이다. 모든 사람들이 놀란 그 비법은 무엇일까?

어머니께서 소개한 친구의 딸은 소윤이다. 소윤이가 공부를 전혀 하지 않아서 그 엄마가 걱정이 많다는 말도 들려주었다. 소윤이를 만나는 상담일이 되었다. 소윤이와 엄마와 아빠가 함께 연구실로 찾아왔다. 소윤이는 예뻤다. 소윤이는 뽀얗게 화장을 한 얼굴로 살짝 웃으면서 들어왔다.

부모님의 걱정과 불만의 이유는 매우 단순했다. 딸이 공부는 안하고 멋을 너무 부린다는 것이다. 모든 에너지를 외모를 가꾸는 일에 쏟는다는 것이다. 용돈을 주면 외모를 꾸미는데 모든 돈을 써버리기 때문에 용돈을 주지 않는다고 한다. 딸에게 용돈을 주지 않은 지 오래되었다고 덧붙였다.

소윤이는 고등학교 1학년 여학생이다. 부모님이 용돈을 주지 않자 소윤이는 알바를 하고 있었다. 달리 돈을 구할 다른 방법이 없었기 때문에 소윤이는 알바라도 하여 용돈을 벌어서 필요한 것도 구입하고 먹고 싶은 것도 사먹는다고 말했다. 부모님도 소윤이도 서로에게 불만이 가득했다. 나의 연구실에서 한바탕 가족회의(?)가 벌어졌다. 사실 가족회의라기보다는 거의 의견충돌이자 말다툼에 가까웠다. 그동안 오래된 상호간의 갈등과 심리적 반목의 골이 보였다.

컨설턴트로서 나는 해법이 보였다. 모두가 함께 변해야 했다. 먼저 부모님을 설득했다. "소윤이는 시각적인 학습 스타일을 지니고 있고, 자신의 외모가 그날 자기 마음에 들어야 공부할 마음도 생기므로, 그것을 인정해 주어야 합니다." 그날 상담에서 내가 내린 처방에 부모님은 동의를 하고 약속을 지켰다. 소윤이는 알바를 그만두고 부모님

은 딸에게 용돈을 주기로 했다

그때부터 변화가 시작되었다. 소윤이는 자신의 외모를 즐거이 꾸미고 공부도 열심히 하기 시작했다. 청소년들은 예민하고 까다로워서 다루기 어렵다고들 말한다. 하지만 청소년처럼 단순하고 솔직하게 반응하는 시절도 없다. 학생의 욕구와 감정을 읽고 수용하고, 그 학습 스타일을 이해하고 인정해 주면 엄청난 변화가 일어난다. 공부에의 몰입이나 성적은 저절로 따라온다. 1+1과 같은 덤이라고 할 수 있다.

주의 집중력 장애요소를 어떻게 제거했는지 점검해 봅시다.
현재 가지고 있는 주의 집중력 장애요소를 동그라미 해 봅시다.

구분	내용	
환경적 요인	정리되지 않은 공간 불쾌한 환경	사람에 의한 방해 소음
심리적 요인	의욕 없는 태도 건망증 결단력 부족 과도한 의욕	개인적 혼란 및 걱정 다른 사람의 말을 못 알아들음 실천력 부족 일어나지 않은 일에 대한 과도한 걱정
학습적 요인	완수하지 않은 공부의 방치 매사 불분명한 정의 불분명한 목표	과도한 공부 뒤로 미루는 습관 엉성한 계획
신체적 요인	피로	수면부족
외부적 요인	불필요한 대화 우선 순위의 변경과 충돌 핸드폰 음식 부모의 심부름	대화(의사소통) 부족 컴퓨터 게임 텔레비전 놀이 다툼(분쟁)

[참고 자료 – 학습스타일을 진단할 수 있는 진단자료]

학습스타일이란 새로운 정보를 받아들이는 방식을 말한다. 학습스타일은 사람마다 각각 다르다. 학생의 학습스타일을 이해하고 이를 실제적으로 적용하면 자기의 스타일대로 맘껏 공부하기 시작한다. 즉 자신의 꿈을 성취하기 위해 밤을 새면서라도 공부하는 공부의 동기가 생겨난다.

소윤이는 11월에 첫 상담을 하였다. 한 달 후 기말고사 결과가 나왔다. 이전에 60점이던 영어점수가 85점이 되었다. 물론 한 달 간 주 1회 총 4회의 학습코칭도 병행했다. 그러나 이는 학습코칭으로는 결코 나올 수 없는 두드러진 결과였다. 학습스타일 이해와 적용의 결과이다. 이는 여러 교육학자들과 심리학자들의 연구결과로도 입증된 방법론이다.

몇 개월이 지났다. 소윤이가 중간고사를 앞두고 있다. 소윤이의 이번 중간고사 목표점수는 몇 점일까? 100점이다. 소윤이가 스스로 설정한 목표 점수이다. 소윤이는 자신감과 열정으로 가득 차 있다. 소윤이는 자신이 세운 계획을 거의 90%이상 실천하고 있다. 분명 그 목표를 성취할 수 있을 것이라 확신한다. 이번 중간고사점수가 무척 궁금하고 기대된다. 소윤이의 성장을 바라보며 어디 나만 기뻐할까? 부모도 흐뭇해 하고 딸을 대견스러워 한다. 나 역시 마찬가지다. 아마 소윤이가 경험하는 기쁨은 더 신선하고 충만할 것이다.

학부모를 위한 Tip

- 자녀를 통제하려고 하기보다 이해하고 공감하라
- 부모가 자녀의 라이프 스타일을 받아들이고 학습에 집중하도록 도우라
- 모든 학생들에게 똑같은 생활방식이나 공부 방법을 강요할 수 없다.
- 학습자의 요구에 맞는 교육을 제공하기 위해서는 학습스타일에 따라 공부방법이 달라야 한다.
- 학습스타일에 따라 다른 방법이나 도구(tool)을 적용하라.

사실은 수학점수가
7점이었어요

— 기초가 전혀 없는 중학교 3학년, 중앙대학교에 입학하다 —

박기철

철수의 형이 나와 함께 공부를 하고서 좋은 성과를 얻었다. 성적만 좋을 뿐 아니라 공부와 삶에 자신감을 얻게 되고 무엇보다 자신의 의견을 또렷하게 드러내는 모습을 지닌 사람으로 성장했다. 교육자로서 큰 보람을 느꼈다. 몇 년 후에 동생인 철수가 엄마와 함께 찾아왔다. 철수는 형과는 전혀 다른 모습이었다. 어머님도 첫째 아들을 보낼 때의 모습과 달리 어깨가 축 처져 있었다.

"애가 너무 공부를 못해서 걱정입니다. 다른 학원 몇 군데를 돌아다녀도 다들 못 받겠다, 받으면 학생을 일대일로 가르쳐야 되는데 우리 학원은 그것을 감당하지 못하겠다고 하네요."

한풀 꺾인 어머님의 말씀에 철수의 고개 역시 땅바닥으로 들어가는 듯 했다.

야구해설위원의 꿈

철수의 성향검사와 다중지능검사를 해 보았다. 검사 결과, 공간지각능력과 논리능력이 다른 지능보다 높게 나왔다. 이 부분에 대해 칭찬을 했다. 철수가 씨익 웃는 것이 아닌가? '실은 자신의 수학 점수가 8점인데 이렇게 잘 나오는 것이 신기하다'고 말한다.

성향검사와 직업흥미도 검사를 해보니 역시 통계 관련 영역이 제법 관련성 있게 결과가 나왔다. "꿈이 무엇이냐?" 물어보았다. 자신의 꿈은 야구 해설위원이라고 대답한다. 이렇게 특수한 직업을 구체적으로 말하는 학생은 매우 드물다. 진심으로 철수를 격려하였다. "그래, 뚜렷한 목표를 가지고 있으니 뭔가 해낼 수 있을 거야!" 철수는 기분이 좋았던지 조금씩 눈길을 맞추는 듯 보였다.

한 달 반 후에 3학년 2학기 중간고사를 앞두고 있었다. 중간고사 대비를 위해서 영어와 수학공부 시간을 정할 계획을 함께 짜기로 했다. 두 과목 모두 기초부터 시작해야 되는 상황이라서 일주일에 6일 2시간씩 공부하자고 제시했다. 그런데 의외의 대답이 돌아왔다. 형의 학업을 이미 돌보아 주었던 터라 저렴한 비용으로 일대일 수업까지 해주려는 나의 노력에 감동하여 그대로 따라올 줄 알았다. 그런데 철수는 일주일에 6일은 도저히 참석할 수 없다고 한다. 최대한 4일 정도는 공부하러 올 수 있다고 말한다. 그 이유를 물었더니, 친구들과 야구를 해야 하고, 게다가 야구 중계방송을 봐야 한다는 것이 아닌가. 헛웃음이 나올 뻔 했다. 그러나 철수가 그렇게까지 야구 해설위원이 되고 싶어 하는 마음이 그대로 느껴졌다.

"야구 해설위원은 야구를 잘 하지 못해도, 야구를 좋아하면 될 수 있단다. 그리고 우리가 지금 배우게 될 시험부분인 확률과 통계 부분이 야구 중계해설에 아주 중요해." 이렇게 말하자 철수가 질문했다. '확률과 통계가 왜 중요하냐, 그게 야구해설과 무슨 상관이 있느냐'는 것이다. 야구 중계에 많이 등장하는 타율, 도루 비율, 승률 등은 확률과 통계에서 나온 것이라고 대답해 주었다. 철수가 눈이 동그래졌다. 자기는 그런 것을 전혀 몰랐다고 말하면서 열심히 공부하겠다고 대답했다.

솔루션 – 공부 시간을 늘이라

같이 공부를 시작했다. 철수의 문제는 분명했다. 그것은 철수가 '수학을 못하는 것이 아니라 너무나 수학의 기초를 닦아놓지 않았다'는 것이다. 그리고 처음부터 놓쳐 버린 그 기초를 세우기 위해서는 누군가에게 묻거나 배워야 하는데 그런 기회가 현행 교육제도에서는 쉽지 않았다. 일반 학원에서도 그런 시스템이 전혀 없었다. 게다가 철수의 성격은 묻는 말에도 겨우겨우 자신의 의견을 주저하면서 말할 정도로 내성적인 성격인데다가 체구도 작아서 다른 사람의 눈에 잘 띄지 않는 학생이었다.

나의 처방은 무엇보다도 공부시간을 더 늘려야 한다는 것이었다. 철수는 공부시간을 늘리자는 나의 제안에 흔쾌히 따라와 주었다. 수학의 확률과 통계 부분을 위해 비례식에서부터 하나씩 하나씩 설명해 주면서 함께 공부해 나갔다. 본인은 암기는 정말 잘하지 못한다고 말했지만 영어단어도 차분하게 소리를 내서 외워가게끔 했다.

수학 만점의 기적

드디어 3학년 2학기 중간고사가 있었다. 영어성적은 그렇게 많은 상승은 없었지만 나름대로 두드러진 성장을 이루었다. 많이 기대했던 수학성적은 어떻게 되었을까? 만점이 나왔다. 그동안 웃음기가 전혀 없었던 메마른 철수의 얼굴이 활짝 펴진 채로 시험지를 들고 다가오는 모습이 마치 개선장군 같아 보였다. 철수가 만점이라니? 학급의 친구들이나 후배들은 그 점수가 도저히 철수로서는 불가능한 점수인데, 공부를 잘하는 아이의 시험지를 훔쳐본 것 아니냐는 의심의 눈초리를 가지고 그런 농담을 던지기조차 했다. 그런 말을 들으면서도 철수는 아랑곳 하지 않고, 대꾸도 하지 않고 웃기만 했다. 왜냐하면 그것은 진짜 자신이 이루어낸 자신의 실력의 결과물이었기 때문이다.

사실 철수의 학급에서 수학 만점은 철수밖에 없었다. 이런 사실을 알게 되자 주변의 다른 아이들도 더 이상 철수의 시험점수에 이의를 달지 않았고 오히려 철수를 우러러 보기 시작했다. 어깨가 들썩이며 얼굴에 환한 미소를 짓는 철수가 되었다. 이제는 선생인 나랑 눈을 마주치는 것을 전혀 어색해 하거나 두려워하지 않았다. 늘상 고개를 15도 옆으로 젖힌 채 공부를 하던 철수가 어느 순간 나와 눈을 마주치면서 웃고 있는 것이 아닌가!

이제 한 달 후면 졸업고사를 봐야 한다. 수학 만점을 맞은 이 감격을 계속 이어갈 수 있을지 내심 걱정이 되었다. 한번 성취감을 맛본 철수는 그야말로 불도저처럼 공부를 밀어붙였다. 함께 약속한 일주일 4회의 수업을 지각 한 번 없이 꾸준히 공부를 해 나갔다. 한 달 후에 치른 3학년 기말고사 겸 졸업고사에서도 철수는 수학 만점을 받았다. 기초가 매우 빈약한 영어 점수 역시 80점대를 넘겼다. 과연 고등학교에 갈 수 있을까를 고민하던 철수가 이제는 일반고 진학에 있어서도 자신감을 보이고 마침내 당당하게 입학하였다.

수학 8점, 최후의 자존심

철수가 살던 집이 재개발로 인해 이사를 가게 되었다. 그래서 그 이후 함께 공부할 기회를 가지지는 못했다. 훗날 철수가 중앙대학교에 입학했다는 이야기를 전해 듣게 되었다. 철수의 변신은 놀라웠다.

철수가 졸업고사를 마치고 고등학교 입학 전에 내게 털어놓은 진실이 있었다.

"선생님, 사실은 제가 수학 8점이 아니고 7점이었어요."

수학 8점이나 7점이 남들이 보기에는 비슷하거나 거진 똑같은 점수라고 여겨질지 모르겠지만 철수에게는 그 수학 8점이라는 말이 자신의 마지막 자존심이었던 것이다.

이 이야기는 7년 전의 스토리다. 하지만 오래 전 추억처럼 느껴지지 않는다. 나에게는 하나의 상담과 교육의 사례이지만 철수에게는 자신의 삶을 변화시킨 기적의 스토리이기 때문이다. 학생의 진로를 잡아주고, 자신의 꿈과 지금 공부하는 과목의 연계성을 알려줄 때 반짝이던 철수의 눈동자가 지금도 생생하다. 기초를 놓친 아이들도 차분히 하면 따라갈 수 있다고 나는 믿는다. 철수의 이야기는 예외적이거나 우연적인 사건이라고 생각하지 않는다. 나는 확신한다. 모든 학생들이 그런 잠재력을 지니고 있다고. 누구든 공부할 동기를 분명히 하고 집중하면 자신만의 기적을 이룰 수 있다.

학생을 위한 Tip

- 학생의 잠재력은 무한하다.
- 학생의 자기성찰지수를 높여주는 시간이 필요하다.
- 학생의 자존감을 높여 주는데는 시간과 격려가 절대적으로 필요하다.
- 공부 때문에 학생의 취미를 완전히 무시해서는 안된다.
- 기초 공부체력이 부족할 때는 한과목이라도 작은 성취감을 느껴보게
  한다.

공포감을 내던지고
도전으로

− 혼날까 두려워서 하는 공부에서 할 수 있는 만큼의 최선으로 −

이수미

　종종 질문을 받는다. '당신이 가장 잘하는 것이 무엇이냐?'고. 이런 질문을 받으면 나는 주저 없이 '시험점수를 가장 잘 올려 줄 수 있다'라고 자신 있게 대답한다. 실제로 나는 지역에서 알아주는 족집게 선생이었다. 공교육과 사교육을 넘나들며 해마다 수능 예상문제를 적중해 오곤 했다. 나에게 수업을 받으려면 6개월 이상 대기해야 할 때도 있었다. 광고 한 번 해 본 적이 없고 간판조차 달지 않았다. 입소문을 타고 오픈하자마자 정원이 마감되었기 때문이다. 한두 번만 수업을 해보면 이 학생이 현재 어느 정도의 점수인지, 다음 시험에서 몇 점을 받을 것인지도 거의 오차 없이 맞출 때가 많다.

2011년 족집게 비법을 적용시킨 학원을 자기주도 학습방식으로 전면적으로 변화시켰다. 그때쯤 유준이를 만났다. 유준이는 자신의 영어 성적이 33점이라고 했다. 친구들이 영어성적이 33점이라서 '삼땡'이라고 놀린다고 하는 처참한 낙제수준인 유준이였다. 어떤 학원에도 유준이가 들어갈 반이 없다는 말을 하였다. 하지만 나는 유준이를 맡아보고 싶은 마음이 들었다. 아니 도전해 보고 싶었다.

내가 만일 자기주도학습의 힘(power)을 발견하지 못했다면 나도 여느 학원이나 선생님들처럼 유준이를 거절했을 것이다. 유준이의 레벨에 맞는 반이 없기 때문이다. 세상이 변하고 교육이 변하고 입시가 변하고 모든 것이 빠른 속도로 변화한다. 나는 자기주도학습만이 살 길이라고 판단했다. 그것이 진정으로 학생들을 돕고, 교육자로서 가치 있는 일이라고 확신했다. 나는 자기주도학습을 무모한 모험이 아닌 과학적인 기적으로 만들기로 작정을 했다. 유준이에게 내가 개발한 자기주도학습 프로그램을 적용했다.

33점 맞던 유준이는 정확하게 한 달 뒤에 87점으로 점프했다. 유준이는 그런 점수는 난생 처음 받아보았다면서 나에게 '아이스 카페라테'을 사다 주었다. 그 시원하고도 달콤한 카페라테의 맛을 지금도 잊을 수 없다.

유준이와 상담하고 분석을 했다. 유준이의 성적향상에는 자기주도학습의 3대 요소인 〈동기, 인지, 행동〉 중 '동기' 요소가 상당히 영향을 미쳤다. 상담을 받기 전까지 유준이의 공부 이유는 한마디로 '혼날까 봐'였다. 혼나는 게 두려워서 혹은 혼나지 않기 위해서 공부하는 것이었다. 한번은 문제 풀이를 하여 왔는데 답지를 보고서 그대로 베껴 온 걸 알아차렸다. 유준이에게 그 이유를 물었다. 유준이는 대답했다. "혼날까 봐서요……" 잔뜩 주눅이 든 목소리로 울먹거렸다. 그간 유준이는 야단을 맞으면서 살아왔다. 숙제를 안 하면 엄마한테도 혼났고, 선생님께도 혼났다. 이번에도 나한테 혼날까봐 답지를 보고 베껴 왔다고 했다. 유준이에게 말했다. "나는 절대로 혼내지 않을 테니 정직하자." 유준이는 고개를 끄덕였다. "유준아, 할 수 있는 만큼만 하자." 나의 제안이자 격려였다.

혼나는 것이 두려워 베껴서 숙제하고, 혼나지 않기 위해서 공부하는 척 하면 아무런 성과도 없다. 두려움의 동기를 제거하고 두려움으로부터 벗어나게 하는 것이 중요하다. 자기주도학습이 시작되기 위해서는 스스로 공부할 이유를 찾아야 하고, 스스로 선택해야 하고, 감정적으로 정서적으로 억눌린 상태에서 자유로워져야 한다.

그 이후 유준이의 공부 동기가 '혼날까 봐'에서 '할 수 있는 만큼'으로 바뀌었다. 유준이는 성실하게 공부했다. 두려움 때문이 아니라 자신이 할 수 있는 만큼의 최선을 다하기 시작한 것이다. 그 성과는 유준이의 진학 결과가 말해주고 있다. 학교에서 꼴찌 그룹에 들었던 유준이는 당당하게 숭실대에 입학하였다. 이런 예상치 못한 결과에 학교전체가 들썩했다는 후문이 있다.

공부는 머리에 기억을 남기는 것이지 가슴에 추억을 남기는 것이 아니다

— 온갖 학원을 다니던 학생이 정교한 공부 계획을 세우다 —

구섬광

하연이는 고등학교 3학년을 마치고 결과에 만족하지 못해서 재수를 선택했다. 어머니와 함께 필자를 방문하였다. 어머니는 하연이에 대해 다음과 같이 말하였다.

"하연이는 기본 머리도 좋고 공부도 엄청 열심히 하는데 성적이 오르지 않아요. 성적이 오르지 않아서 각 과목별로 유명하신 선생님들 강의를 듣게도 하고 고액과외도 받게 하였는데 성적이 향상되지 않아요."

하연이에게 먼저 지금 공부하는 방법을 설명해보라고 하였다. 하연이는 학원스케줄을 나에게 보여주면서 자기의 공부 상황을 설명해 주었다. 하연이의 학습계획표를 살펴보았다. 어머니의 언급처럼 하연이는 꽤 많은 시간을 책상에 앉아서 오로지 공부에 할애하고 있었다.

학습계획표를 살펴보면서 두 가지 질문을 던졌다.

"하연아! 수학학원을 다니는 이유를 나에게 설명해 줄 수 있겠어?" 이 첫 번째 질문에 대해 하연이가 다음과 같이 대답했다. 자기가 다니는 수학학원의 A 선생님이 굉장히 잘 가르치고 유명해서 자기 학교에서 공부 잘하는 아이들이 모두 그 학원 선생님의 강의를 듣고 있다는 것이다. 이어서 나는 물었다. "너희 학교에서 공부 잘하는 아이들이 그 선생님 강의를 듣는 이유와 네가 그 선생님의 강의를 듣는 이유가 같은 것이니?" 하연이는 이에 대해서 대답하지 못한 채 머뭇거렸다.

두 번째 질문을 던졌다. 계획표에 있는 어제 공부한 내용을 가리키며 물었다. "이 내용에 대해서 나에게 설명해 줄 수 있겠어?" 하연이는 이에 대해서도 답변을 하지 못하였다.

하연이의 공부에 대한 진단 키포인트

하연이의 문제는 크게 두 가지였다.

첫째는, 공부를 왜 하는지에 대한 궁극적 의문을 갖지 않은 것이다. 학원을 선택하는 이유는 나로부터 시작되는 구체적 이유가 있어야 한다. 가령, '내가 공부를 하고 있는데 어떤 단원이 이해가 잘 되지 않은데 그 선생님의 수업을 통하여 내가 이해하지 못하는 부분을 빠르게 해결하기 위해서' 배운다는 구체적 이유가 있어야 한다. 그런데 하연이는 나로부터 시작된 이유가 아니라 다른 학생의 기준으로부터 시작된 이유에서 출발하였다. 그렇게 모호한 이유와 동기로 학원을 선택하여 공부하기 때문에 성적이 향상되지 않는 것이었다.

둘째는, 하연이의 학습의 밸런스가 맞지 않는 것이었다. 배우는 양 즉 학(學)의 시간은 엄청 많은데 이것을 본인의 것으로 만드는 습(習)의 시간이 절대적으로 부족한 상황이었다. 학의 진도에 맞추기 급급하다 보니 정작 본인의 지식으로 구조화할 수 없었고 성적이 나오지 않은 것이었다.

해법을 제공하다

공부를 열심히 하는 것과 공부를 잘하는 것은 다르다. 그러므로 공부를 잘하기 위해서는 공부를 잘하기 위한 과정을 선택해야 한다. 공부를 열심히 하고 있다는 혼자만의 만족에 빠지지 말고 효율적인 공부의 전략과 프로세스를 알아야 한다.

하연이에게 다음과 같은 솔루션을 주었다
첫째, 학원을 줄일 것.

학원은 보충학습을 위한 곳이지 주된 학습을 위한 현장이 아니다. 그러므로 학원자체가 목적이 되지 않도록 하였다. 하루에 본인만의 습(習)의 시간을 최소한 3시간을 확보하도록 하였다. 스스로 공부하는 시간을 먼저 확보하고 나서 시간이 남으면 그때 학원을 더 추가하도록 했다. 이는 학습의 균형을 맞추기 위해서다. 하연이의 주된 학습의 공간은 스스로 공부하는 책상이 되어야 했다. 그리고 그날 공부한 것들에 대해서 반드시 복습하는 시간을 의무적으로 넣도록 했다. 그리고 주말에는 다니는 학원을 추가하지 말고 지난 일주일 동안 공부한 내용을 다시 한 번 복습하도록 계획표를 조정해 주었다.

둘째, 본인이 정확히 아는 것과 정확히 알지 못하는 것을 구분할 것.

이 작업을 위해서 먼저 각 과목별 교과서를 펼치고 일일이 확인하도록 했다. '정확히 안다'는 기준은 〈책을 덮은 상태에서 본인이 친구에게 설명할 수 있느냐〉로 삼도록 했다. 하연이는 이 과정을 충실하게 거쳤다. 이러한 확인작업을 하면서 하연이는 그간 본인이 안다고 생각하고 넘어갔던 부분들 중에 상당히 많은 부분에서 정확히 알지 못하고 있다는 것을 깨닫게 되었다. 정확히 모르는 것을 다 노트에 쓴 후, 이를 해결하기 위해서 '필요한 수단들'을 노트에 적어보도록 했다.

꼭 한 가지 방법만이 아니라 두 가지 방법이어도 좋으니, 자신이 해결할 수 있는 모든 방법을 적어보도록 했다. 이어서 자신에게 주어진 시간 내에 '가장 효과를 볼 수 있는 방법을 선택'한 후 그것을 나에게 설명하게끔 요청했다. 이러한 과정을 거치면서 하연이는 자신에게 진짜 필요한 수업과 불안감 때문에 어쩔 수 없이 선택하였던 수업을 구분할 수 있었다.

하연이는 자신이 발견하고 선택한 것들을 모두 정리하여 그것을 자신의 계획표에 반영하였다. 그리고 계획표를 매주 점검하였다. 2~3주를 거치면서 하연이는 자신의 진도가 늦어지는 것 같은 불안감을 느껴 다시 옛날의 방식으로 돌아가려 했다. 그때마다 나는 자신감을 불어넣어 주며 마음을 다시금 잡아주었다. 약 한 달이 지났다. 하연이에게 지난 한 달 동안 공부한 것을 나에게 설명해달라고 요청했다.

하연이의 공부 방식이 크게 달라졌다. 하연이 스스로도 한 달 전과는 크게 달라져 있는 자신의 상태를 보고 매우 신기해하였다. 하연이가 자신감을 갖기 시작하면서 학습에 탄력이 붙게 되었다. 하연이는 비효율적인 시간들을 제거하고, 스스로 공부하는 시간을 확보하면서 공부의 성과를 경험하고 있다.

학생들을 상담하다 보면 상당히 많은 학생들이 시간만을 소비하고 있다는 것을 발견하게 된다. 공부한 내용을 머릿속에 얼마나 기억하는지는 점검하지 않은 채, 단지 공부를 열심히 했다는 기분에 스스로 만족하며 위로를 받는 경우가 많다. 그것은 자기 위로에 불과하다. 그러므로 명심해야 한다. 우리는 시험장에 공부한 추억을 가지고 들어가지 않는다는 것을. 시험장에는 기억하고 있는 공부 내용을 가지고 들어가야 한다는 것을.

고교 1학년 수포자 7등급, 내신 1등급 만들기

김미원

　승현이를 처음 만난 것은 중3 겨울 방학이 막 시작된 12월 말이었다.

　1시간 동안 수학 진단 테스트를 해보니, 기본 난이도 문제는 80점대, 실력, 심화문제는 40점대였다. 수학적 개념이나 원리를 묻는 이해력문제와 수학의 기본적인 공식이나 풀이절차를 적용하는 계산력문제는 곧잘 풀어내는데, 여러 가지 수학적 개념, 원리, 법칙의 관련성을 간파하고 종합하는 문제해결력 문제는 거의 풀어내질 못했다.

　또한 수학 개념, 원리 등을 이용하여 주어진 명제의 참, 거짓을 판별하거나 주어진 증명을 통해 결론을 내어야 하는 추론력은 아주 약하게 나왔다. 쉬운 난이도의 문제 풀이 위주의 수업을 진행하면서 학습수준이나 성취도를 올리지 않았지만 현재 자신의 학습 상태에 만족하는 것으로 보였다. 승현이는 자신의 공부이력을 이렇게 표현했다.

"우리 공부방은 초중등이 섞여 있어요. 선생님이 출력해준 문제지 다 풀고 채점하면 끝나는 순서대로 집에 빨리 갈수 있어요. 전 2년도 넘게 다녀서 선생님이 주시는 문제를 엄청 빨리 푸는 편이에요."

여러 학년이 한꺼번에 모여 수업이 진행되다 보니, 선생님이 여유 시간 될 때만 각 단원별 개념을 설명을 해 주었다. 즉 개념 수업 보다는 유형 문제집 위주의 문제풀이 수업이 진행되었다.

실컷 놀고 3월부터 공부할래요.

우선 승현이의 수학 진단검사 결과를 설명하고 학습 결손이 있는 단원의 재학습과 새롭게 나갈 새 진도표를 조율하는데, 승현이는 지금 당장 수학 공부를 시작할 게 아니라 3월이 되면 새 학기 진도를 나가고 싶단다.

그럼 그동안 따로 과외라도 해오면 좋겠다 싶었는데, 승현이는 힘든 고등학교 수업을 하기 전에 중학교를 졸업한 자유를 느끼면서 맘껏 놀아보는 게 꿈이란다. 세상에, 그 귀중한 예비고1의 황금시간을 두 달이나 버려두겠다는 말이었다.

나는 승현이에게 일반적인 고등학생의 1년 생활을 알려주며, 월별 주요행사 리스트를 보여주었다.

〈 표1. 고등학생의 일반적인 월별 주요행사〉

	월별 주요 행사
1월	겨울 방학, 졸업식
2월	겨울 방학, 설연휴
3월	개학, 학급별 학년별 임원 선정, 동아리 가입, 3월 모의고사, 학부모총회
4월	중간고사 대비 내신수업, 과학의 날 등의 교내 경진대회 참여, 4월모의고사, 영어듣기평가 , 각종 수행 평가
5월	중간고사 시험3~4일, 어린이날,어버이날, 스승의날 , 체육대회, 각종 주제별 현장학습,
6월	6월모의고사, 비교과 실기, 교내 경진대회, 기말고사 대비 내신수업, 각종 수행 평가,
7월	기말 고사 4~5일, 여름방학, 1학기 동아리 활동 보고서 마무리
8월	개학, 광복절
9월	9월 모의고사, 영어듣기평가, 중간고사 대비 내신수업,추석 연휴
10월	중간고사 3~4일, 개천절, 한글의날, 10월모의고사, 교내축제, 동아리경진대회, 동아리 발표 페스티벌
11월	기말고사 대비 내신수업, 수능시험, 11월모의고사, 각종 수행평가, 2학기동아리 활동 보고서 마무리
12월	기말 고사 4~5일, 성탄절, 생기부 마감준비, 겨울 방학

하지만, 고교 생활의 일정에 대해 설명하는 내내 승현이의 눈은 허공에 있었다.

"오늘은 진짜 엄마와 진단 테스트만 받기로 약속했거든요. 전 방학동안 좀 쉬다가 새학기 되면 공부할 거예요."

"승현아, 엄마랑 공부한다고 약속했잖아, 엄마는 오늘 학원 등록했으면 좋겠어"

"싫어요."

"어머니, 승현이가 다시 공부하겠다고 하면, 그때 수업 진행하는 게 어떨까요?"

그날, 학생과 엄마는 서로 의견을 좁히지 못했고, 결국 승현이를 이기지 못한 어머니는 나중에 연락하겠다며 아쉽게 아들을 데리고 갔고 한동안 소식이 없었다.

1년 후 7등급으로 재회

그 후 승현이를 다시 만난 건 고2를 시작하는 2월이었다. 1년여 만에 다시 만난 승현이는 수학 6~7등급을 오가며 시험기간에만 2시간씩 주 2회 수학 과외 수업을 받았다고 했다.

승현이의 수학 진단테스트 결과 〈수1〉의 지수함수와 로그함수, 삼각함수와 삼각함수의 활용 단원을 뒷받침하는 〈수학 상〉에서의 다항함수, 2차함수의 활용, 〈수학 하〉에서의 함수, 유리함수, 무리함수 단원에서 학습결손이 있었다. 이렇게 되면 승현이 혼자 개별 수업을 진행해야 하는데, 수학 계통에 따른 보강 수업과 현행 진도를 함께 나가려면 하루에 수학을 공부하는 시간을 6시간 이상을 잡아야 내신 준비까지 가능해 보였다.

"어머니, 승현이가 들어 갈 반이 없어요. 하지만, 승현이가 공부하 겠다는 의지가 확실하다면 1:1 학습 플랜을 짜야 해요."

승현이를 위한 연관단원의 복습과 현행진도와의 유기적인 교과 과 정 학습플랜을 짜는 동안 승현이의 눈빛이 초롱초롱해졌다.

"그동안 1년 넘게 롤과 피파 게임을 너무 많이 해서 PC방 가는 것 도 이젠 너무 지겨워요. 이제 수학공부나 열심히 할래요."

승현이가 모처럼 희망이 넘치는 말을 하자, 옆에 계신 승현 어머 니가 연신 눈물을 닦으셨다.

다음날부터 시작된 승현이의 수학 공부는 호기로운 마음처럼 순순 히 진행되었다. 매일 저녁 6시에 오면 지난 단원의 영상을 보며 개념 정리와 핵심 공식을 적게 하면서, 본인이 공부하는 연관 단원의 위치 를 확인하게 하고 대표예제와 유형별 문제를 풀어보게 했다. 첫 한달 은 학습 결손 단원들을 메꾸는 공부를 시키고, 두 번째 달부터는 약 2 시간에 걸친 복습 시간과 2시간 동안의 현행 진도수업을 주5일 진행 하였다.

"승현아, 요즘 수학 공부 어떻니? 수학만 하느라 질리지는 않니? 할 만하니?"

"저요, 학교에서 다른 시간에는 졸아도 수학시간에는 절대 안 자 요. 이제 수학 쌤이 어떤 부분을 설명하는지 조금씩 이해가 가요. 다른 학원은 안 다니니까 수학 공부만 해도 안 힘들거든요. 근데 수학 수업 공부 하루 4시간으로는 제가 해야 할 부분이 너무 많아요. 독서실에선 수학 문제를 물어볼 수 없으니, 학원에서 공부 할게요"

승현이의 말처럼 수학 공부가 재미있다니 정말 다행이었지만, 두 달 뒤 치른 중간고사 성적은 18점 밖에 오르지 않았다. 두 달 넘게 승현이가 수학에 투자한 시간과 노력에 비해 18점 상승은 너무 미약한 점프였다.

슬럼프와 재도전

중간고사가 끝난 주에 승현이는 학원에 오지 않았다. 대신 승현 어머니가 며칠만 기다려 달라고 문자를 보내왔다. 나흘 동안 아무런 연락이 없다가 승현이가 힘 빠진 얼굴로 학원에 찾아왔다.

"선생님, 저는 수학 체질이 아닌가 봐요. 전 30점은 더 넘게 올라갈 줄 알았어요. 수학이 1등급 나오면 어쩌나 걱정했었어요."

"두 달 공부해서 1등급 나오면, 전교생이 1등급일걸? 두 달 동안 한 공부는 네 학습 결손을 메꾸어 낸 거야. 이제 탄력을 받아서 조금씩 성적 올라갈 시동 걸었으니까 본격적인 시작은 이제부터야. 이제 네 컵에 있는 작은 구멍들을 메꾸었으니, 물을 부으면 넘쳐날걸? 물이 넘쳐나는 시점이 네 성적이 솟아오르는 시점이야. 그리고 수행평가도 아직 끝나지 않았으니, 기말 시험 잘 봐서 등급 컷 올릴 수 있는 시간은 충분해."

승현이는 시험 끝나고 며칠 동안 PC방에서 시간을 보냈지만, 그래도 PC방에서 수학 동영상도 봐가며 게임을 하고, 또 게임하다가 쉬는 시간에 수학수업 동영상을 보다가, 뭔가 잘못된 느낌이 들어, 바로 가방 들고 PC방을 나왔다고 했다.

승현이는 그렇게 자기 자신과의 싸움을 이겨내고 있었고, 수학 점수에 대한 승현이의 아쉬움과 미련에는 마치 첫사랑에 실패한 젊은이의 뒷모습 같은 아련함이 묻어났다.

다음날 고맙게도 승현이는 아무 일 없이 학원에 왔다. 새로 산 코넬 연습장을 보여주며 틀린 문제를 모두 오답노트화 하겠다고 한다. 나는 그냥 중간고사에서 틀린 문제만 다시 풀어보고, 왜 틀렸는지를 확인하라고 했다. 문제가 요구한 것을 잘 읽어냈는지, 개념 이해가 부족한 문제였는지, 계산과정의 실수였는지, 그 부분만 확인하라고 했다.

상위권 학생들은 틀린 문제가 적기 때문에 오답 노트를 해도 시간적 소모가 적다. 하지만, 틀린 문제가 많아질수록 오답노트는 점점 지루한 작업이 되고, 형식적인 풀이 과정만 따라 적게 된다. 오답 노트를 따로 만들지 않아도 시험 문제 번호 위에, 간략하게 문제이해 부족, 개념이해 부족, 계산 실수 등의 표시만 해두어도 훨씬 시간을 단축시킬 수 있다.

승현이는 하루에 4~7시간을 수학 공부를 하면서 모든 공부시간을 올인했다. 교과서 문제와 학교 프린트, 족보에 나온 기출문제, 모의고사의 유형 문제도 함께 풀었다.

승현이의 수학 사랑은 기말고사를 앞두고 가슴앓이를 심하게 했다. 수행 평가에서 조별 포트폴리오를 제 날에 제출하지 못해 점수가 깎일 것이라는 걱정에서 가슴앓이가 시작 되더니, 기말 시험을 앞두고는 교과서의 대표 문제를 연속해서 틀리고 나서는 머리가 아프고 울렁거려서 더이상 공부를 못하겠다고 일찍 집에 갔다.

다음날, 틀린 문제를 3번 더 풀었는데, 풀 때마다 계산이 달라져서 도대체 어디가 틀린 것인지 모르겠다고 내민 연습장 풀이에는 8×4=36으로 계산되어 있었다.

'아, 이건 심리적인 문제로구나.'

혹시나 싶어, 승현이 어머니께 전화를 해 보았다.

전에는 승현이가 책상에 앉아 공부를 하는 것만 봐도 대견해서 눈물이 날 지경이었는데, 요즘은 저리 수학에 열중하니, 저러다가 수학 100점 맞겠구나 하는 생각이 든다고 했다. 그래서 승현이를 볼 때마다 "승현이 네가 이렇게 열심히 공부하니, 이번에는 수학 100점이겠지? 진짜 수학 수강료가 하나도 안 아깝다. 승현아, 엄마는 너무 기대된다"고 여러 번 말씀하셨단다.

매일 PC방에서 살았던 고1을 생각하면 당시의 승현이의 수학 공부에 열중하는 모습은 승현이 어머니를 감격시키고, 대견함을 넘어 수학 100점의 확신을 갖게 할 초강력 에너지를 가진 것이 틀림없었다. 하지만, 객관적인 승현이의 수학 실력은 이제 막 학습 결손을 메꿔 가는 기초단계이고, 고2 현행단원의 문제는 그저 대표예제만 간신히 풀어가는 정도였기 때문에 어머니의 크나 큰 기대를 메고 가기에는 승현이의 어깨는 너무 좁고 작았다.

상담하면서 그동안 동네 모든 PC방을 돌아다니며 모든 게임을 섭렵한 아들의 등짝 한번 못 때리고, 그저 제시간에 집에 돌아오기만 해도 감사했던 승현 어머니의 눈물 젖은 마음을 120% 이해한다. 그래서 나 또한 누가 뭐래도 심지 깊게 아들을 믿고 기다리셨던 승현 어머니가 엘리베이터 안에서 남들 보란 듯이 승현이의 수학 시험지를 흔들어 보이고 싶은 마음이 이해가 되었다.

하지만 중간고사에서 18점 상승한 것도 양에 차지 않아, 이미 승현이에게 100점을 바라고 계시니, 아이의 심적 부담감이 대단해진 것이었다. 나는 어머니께 절대 수학 점수에 대한 언급은 하지 말고, 뒤늦게 공부하려는 결심을 한 승현이의 용기를 응원해 주시고, 집에서는 편히 쉬게 해달라는 부탁을 드렸다.

그럼에도 불구하고, 기말 시험을 앞둔 승현이의 심리상태는 매우 불안정했으므로, 나는 우선 새로운 문제풀이를 멈추고, 그동안의 수학개념 정리를 확인하고 나에게 직접 대표문제 풀이를 설명하게 하였다. 가끔 승현이는 수학 개념 동영상의 수학 강사가 하던 말투나 풀이 방법을 그대로 따라했는데, 특히 칠판에 수학 문제 풀이를 써내려 가는 모습은 마치 1타강사의 인강과 같은 모습을 연상시켰다.

"승현아, 방금 네가 수학문제를 설명할 때 네 눈빛에서 아우라가 번지는 것 같았어. 자신감 뿜뿜이야. 너 나중에 수학 쌤 되면 엄청 잘 가르칠 것 같은데?"

"진짜요? 사실 학교 수학쌤이 너무 못 가르쳐서, 제가 수학쌤 되면 저렇게는 안 가르쳐야지 생각했어요. 인강에서 진짜 개념설명 잘하는 쌤들 보면서 저도 나중에 수학쌤 되고 싶었는데, 쪽팔려서 말 안 했어요. 네가 무슨 수학을 가르치냐고 할까 봐요."

승현이는 이미 자기 자신의 재능을 어렴풋이 파악하고 있었고, 자신의 꿈도 키워가고 있었다.

3등급에서 1등급으로

다행히 기말고사에서 승현이는 42점의 상승으로 3등급을 받았고, 학업향상상과 함께 수학의 자신감을 자신의 어깨에 올려놓기 시작했다. 승현이는 다른 과목을 포기하는 대신 수학에 올인하며 2학기 〈수학2〉중간 기말 내신을 2등급으로 마무리했다.

3학년이 되어 이과반인 승현이는 내신과목으로 〈확률과 통계〉,

〈미적분〉, 〈기하〉를 한꺼번에 공부해야 했다. 확률과 통계는 중학교 2학년 2학기 때 잠시 나온 〈경우의 수와 확률〉 단원을 거슬러 가서 다시 복습하고, 〈수학 하〉의 〈경우의 수와 순열조합〉을 다시 공부했다. 연관 단원의 연계성을 확인하지 않으면 계속 확장되는 수학적 개념을 놓치기 쉽기 때문에 수학의 계통관계를 이해하는 것이 수학 공부의 첫걸음이라는 것을 승현이는 몸소 체험하고 있었다.

승현이는 3학년 1학기 〈확률과 통계〉에서 드디어 1등급의 기쁨을 맛보았다. 하지만 교육과정 개편으로 학교별 선택과목이 몰리면서 한 학기에 3과목의 수학을 소화하기엔 역부족이었고, 미적분과 기하에서는 수강인원이 적어 등급컷이 매우 불리했고 수시에서 원하는 학교에 입학하지 못했다.

재수라는 새로운 도전

승현이는 지금 재수학원에 다니고 있다. 수학 공부에서 느꼈던 자신감을 다른 과목에서도 느끼고 싶고, 자신이 목표한 수학교육학과에 응시하기 위해 1년의 재수생활을 기꺼이 하고 싶다고 했다. 아빠한테 빌어서 1년 더 공부하고, 달라진 모습 보여드리겠다고 각서도 썼다고 했다. 승현이는 성장해 가고 있는 자신의 가능성과 능력에 대한 확신이 생겼고, 꿈도 생겼다. 그는 수포자가 아니라 도전자이고, 이미 승리자이다.

재수학원으로 들어가기 전 승현이는 학원에 와서 음료수 박스를 올려 놓고 갔다. 하필 내가 퇴근한 이후 시간에 찾아 왔다가 다음날에 문자를 보내왔다.

"선생님 얼굴을 보면 눈물이 날 거 같아서 일부러 연락 없이 학원에 갔었어요. 수학공부 할 때 지독히도 이해 못하는 저를 한숨도 안 쉬고 세 번이고 네 번이고 설명해주셔서 너무 감사했어요. 저도 나중에 한숨 쉬지 않는 선생님이 되고 싶어요."

나는 재수를 선택한 승현이를 응원한다.

그가 스스로 자신의 목표를 정확하게 찾아냈기 때문에, 힘든 재수 생활도 충분히 잘 버틸 것이라 생각한다. 그리고 그 과정에서 승현이는 보다 성숙해지고 그의 꿈은 뚜렷하고 명확해 질 것이다. 그리고 그 꿈은 현실이 될 것이다.

수학 도전을 위한 Tip

- 수학점수가 빈약하면 모든 성적의 평균치를 추락시킨다.
- 아무리 기초가 부족해도 집중하고 올인하면 성장하기 마련이다.
- 기초가 빈약하면 결손을 보충하면서 현행 진도를 동시에 따라잡는 학습설계를 하여야 한다.
- 부모의 지나친 기대감이나 말 한 마디가 치명적인 심리적 부담이 될 수 있다.
- 작은 성취를 경험하면 자신감을 가지고 스스로 도전하게 된다.

언제나 맞을 수 있는
100점은 아닙니다!

– 초등저학년 성원이의 성장 이야기 –

최현경

성원이를 처음 만난 때는 성원이가 초등학교 입학을 준비하는 시기였다. 성원이 엄마는 고졸 학력의 직장생활을 하는 워킹맘이었다. 프리랜서로 일하는 남편과 함께 시부모님을 모시면서 자기 일을 하는 열성파 엄마였다. 엄마가 아이에게 바라는 기대가 매우 높다는 것을 집 현관에 들어서면서 한 번에 알 수 있었다. 성원이는 순하고 그 나이 또래에 비해 예의가 바른 아이였다. 엄마의 성격을 어느 정도 알 수 있을 정도였다. 아이가 스스로 잘 챙길 수 있게 세심한 주의를 주고, 매사를 확인하면서 실수하지 않으려는 아이에게 지적하거나 지시하는 스타일로 보였다.

엄마가 궁금해 하는 것은 학교에 입학하기 전의 사교육 로드맵이었다. 어디까지 선행 학습을 하여야 하는지, 어느 학원에서 무엇을 배워야 하는지 등등 궁금한 것이 폭포수처럼 쏟아져 나왔다. 엄마의 열정이 마치 자녀의 대학 입시를 준비하는 엄마와 똑같았다. 엄마를 진정시키는 것으로부터 대화를 시작했다.

"성원이가 어떻게 살기를 바라세요?"

"선생님, 저는 아이가 행복하면 좋겠어요. 저는 욕심 없어요. 제가 대학을 안 나와서 대학은 갔으면 좋겠어요. 특별히 남겨줄 것도 없으니 걱정 없이 살아갈 수 있는 자기 직업을 가지면 좋겠어요."

엄마의 욕심이 끝이 없음을 확인할 수 있는 대답을 들으면서 나는 마음이 가라앉기 시작했다.

국어가 모든 공부의 기초야

아이를 진단하며 가장 먼저 필요한 것은 설득하는 일이다. '국어'에 대한 이해를 하고 적절한 노력을 하도록 깨닫게 하는 일이다. 초등학교 과정에서 가장 기본이 되는 것은 읽고 쓰기이다. 읽기와 쓰기가 제대로 되지 않으면 국어만이 아니라 다른 과목의 공부에도 어려움을 겪는다. 즉 국어는 모든 과목에 영향을 끼치는 중심과목이자 기초적인 과목이다. 대개 엄마들도 아이들도 국어 공부란 그저 한글을 읽고 쓰면 된다고 생각한다. 아이의 학년이 높아지면서 아이들은 국어가 어렵다고 반응한다. 그런데 부모들은 왜 아이들이 국어를 어렵다고 말하는지 이해하지 못한다. 학원이나 과외선생님은 흔히 독해력 부족, 어휘력 부족, 이해력 부족 등을 이유라고 지적한다. 문제점을 발견하고 지적하는 일은 매우 쉽다. 하지만 그 문제점을 해결하는 방법을 제시하고 실천하게 하는 것은 결코 쉽지 않다. 막연하다 못해 막막하기조차 하다.

성원이는 눈치가 빠른 학생이었다. 어른이 어떤 아이를 좋아하는지 잘 알았다. 그리고 칭찬을 받아야 만족하고, 칭찬을 듣기 위해 행동할 줄 아는 아이였다. '잘한다'라는 말과 '100점'이라는 숫자에 예민하였다. 그런데 초등학교는 유치원과 다르다. 학교는 점수에 대해서 평등하지 않은 곳이다. 초등학교 선생님은 유치원 선생님처럼 상냥하지 않다. 유치원에서처럼 매일 100점을 받기도 쉽지 않고, 언제나 자신만이 최고일 수도 없다. 시험지나 문제집에 늘어나는 체크 표시들을 보면서 아이는 주눅이 들기 시작한다. 자연스럽게 아이는 핑계를 대기 시작한다. '배우지 않았어요'라는 말로 모든 문제를 변명하기 시작한다.

100점을 못 받는 것이 당연해

먼저 성원이에게 책읽기에 대해 설명하였다. 성원이는 이미 한글을 읽을 줄 알았다. 나는 성원이와 함께 책을 한 줄씩 읽으면서 '아직 배우지 않은 것을 어떻게 책에서 찾아가는지'에 대해 습득하게 했다. 점수와 성적에 대한 생각도 건강하게 잡아주고자 했다. 학생이란 배우는 과정에 있으므로 100점을 못 받는 게 당연하다고 말해줬다. 문제 풀이에서 틀리는 것은 자연스러운 일이라고 알려주었다. 틀린 문제를 찾아서 직접 아이와 하나씩 해결해 보았다. 이어서 아이에게 문제집을 다시 풀어보게 했을 때 아이는 자신이 무엇을 놓쳤는지, 왜 실수를 하게 됐는지 알기 시작했다. 아이는 인정하는 것을 배우기 시작했다.

성원에게 국어가 어떻게 다른 과목들과 연결이 되는지를 알려주었다. 성원이는 이 모든 것을 하나씩 이해하며 터득해 나갔다. 저학년이라 할지라도 공부하는 순서를 익히고 습관을 만들어가는 것이 중요하다. 이제 성원이는 문제 풀이에서 100점을 못 받아도 주눅 들거나 불안해 하지 않는다. 왜 틀렸는지, 미처 읽지 않고 지나친 부분이 어디였는지를 찾아보고 질문을 할 줄도 안다.

독서가 출발점

성원이는 책을 읽을 줄만 알았던 학생이었다. 국어도 영어처럼 모르는 낱말을 찾아서 그 뜻을 익혀야 한다는 것을 몰랐다. 책을 많이 읽으면 저절로 독해력도 이해력도 좋아지는 것이라고 생각했다. 그래서 하루도 빠짐없이 한 권씩 손에 잡히는 대로 읽기만 했다. 읽기 학습을 하면서 성원이의 읽기 능력이 크게 성장하기 시작했다. 이제는 독서를 하면서 모르는 단어를 스스로 찾는 습관도 갖게 되었다. 가능하면 사전으로 찾는 연습을 하도록 했다. 그리고 글을 읽으면서 시대 배경이나 역사적 사실을 찾아보는 경험을 쌓아갔다. 책이나 짧은 글을 읽으면서 내용과 연관된 지식을 살피게 되자 수업내용이나 문제집만으로는 알쏭달쏭하게 느껴졌던 내용들을 이해하기 시작했다. 그리고 스스로 설명할 수 있는 것이 많아지기 시작했다.

성원이의 공부 방법은 독서를 통해 기본 개념을 이해하는 것이다. 이러한 읽기에 성원이는 점점 익숙해졌다. 그러자 수학이나 사회와 과학도 기본 개념을 익히고 스스로 이해하는 습관을 들이게 되었다. 그리고 이제는 무조건 문제만 풀려고 급하게 덤비지 않게 되었다.

이 모든 과정은 초등 저학년 학습을 기초부터 차근차근 기초 학습의 방법을 터득하게 한 결과였다. 글자를 시원스럽게 소리내어 읽고, 문제를 잘 풀면 공부를 잘한다고 생각하는 엄마를 설득해 나가면서 이룬 일들이었다. 아이가 힘들어하는 시간에는 엄마가 곁에서 지켜주었다. 성원이는 자기가 책에서 읽은 것과 배운 것들을 엄마에게 이야기 해준다. 시간이 지나면서 엄마는 아이가 성장해 가고 있다는 것을 느낀다. 성원이가 점점 자신감을 가지고 많은 이야기를 들려주기 때문이다. 그 이야기가 늘어나는 만큼 성원이의 학습력도, 승원이와 엄마의 기쁨도 자라나고 있다.

초등학생 국어공부를 위한 알짜 TIP

- 초등학교 과정에서 읽고 쓰기는 기본이다.
- 단순하게 글자만 읽고 쓰면 되는 줄 알고 있는 경우가 허다하다.
- 국어는 전 과목에 영향을 끼치는 중요과목이다.
- 문제만 풀고 답만 맞추는 것은 국어공부가 아니다.
- 말하는 것과 글로 문장을 쓰는 것은 분명하게 다르다.
- 문장에는 주어와 동사 등 문장 성분을 골고루 사용하는 연습이 필요하다.
- 접속어 사용으로 문장의 앞과 뒤를 구별하며 흐름을 파악하거나 예상할 수 있다.
- 글 쓰는 것이 어렵다면 말로 녹음을 하고 받아 적으면서 문장을 완성하는 연습을 추천한다.

사춘기 틀어진 모자관계를
신문읽기로 회복하다

이혜은

교육전문가 엄마의 상담 요청

유상이는 중학교 1학년의 평범한 남자 아이다. 유상이 어머님은 처음 상담을 하는 시간에 학원의 커리큘럼과 선생님들의 학력을 묻는 등 구체적이고도 섬세한 질문들을 하였다. 원래는 입학테스트를 먼저 한 후에 입학상담을 진행하는 것이 순서인데, 갑자기 지인의 소개로 오셔서 곧바로 상담을 하게 된 것이다.

유상이 어머님의 추가적인 질문은 마치 교육업 전문가인 듯한 느낌조차 들었다. 입학상담 질문지에 있는 내용들을 따라 대화를 나누었는데 어머님은 이미 어디선가 학습의 원리에 대해 들은 이야기와 정보들이 있었다. '영어공부법, 수학공부법, 국어공부법 모두 같은 본

질이다. 주도력과 독서력의 역량이 잘 잡혀 있는 아이들은 영어실력이 낮아도 다른 학생들 보다 훨씬 더 빠르게 실력이 성장한다'는 내용의 말을 어머님이 언급하였다.

어머니는 부드러운 어조로 질문을 하였다.

"사춘기 중학생 아이들은 부모도 손놓고 싶은데 어떻게 관리를 하시고 있나요?"

나는 나의 오랜 경험에 비추어 이야기해드렸다.

"경험으로 보아 부모님과의 관계가 좋은 아이들은 잠시 방황과 반항을 하는 시기가 있지만 결국 제자리로 잘 돌아오더군요."

그러자 유상이 어머님이 갑자기 눈물을 보이셨다. 실은 자신도 사교육영역에서 일하는 영어교육 전문가인데 아이의 사춘기가 일찍 오면서 늘 분주한 엄마와 관계도 좋지 않고 아빠도 지방에 계셔서 혼자서 아들을 어떻게 지도해야할 지 너무 막막하다고 하였다.

"게다가 우리 아이는 실력도 부족하고, 부모와의 관계도 좋지 않은데 어떻게 하면 좋겠습니까?"

내 오랜 경험으로 영어학원이라고 해서 영어공부만 하게 한다고 영어실력이 쑥쑥 성장하는 것이 결코 아니라는 것을 잘 알고 있었다. 영어스피킹, 영어라이팅, 영어시험 점수 등 원하는 성적과 성과물의 열매를 따기 위해서는 인내심을 가지고 우선적으로 만들어야 하는 것이 있다. 그것은 건강한 마음밭과 신뢰이다. 나 역시 학부모의 입장에서 아들을 키우면서, 그리고 20년 이상 학생들을 가르치면서 온몸으로 경험하고 발견한 깨달음이다. 건강한 마음밭과 신뢰가 없이는 성과를 얻기 힘들다. 그것은 학생들의 정서적 영역과 관련된 것이다.

컴퓨터 게임, 그 수렁

어머님께 유상이의 현재 상황에 대해 물어보았다. 유상이는 초등학교 5학년 때까지는 정말 얌전하고 부모가 시키는 대로 잘 따라 하는 아이였단다. 그런데 6학년 때부터 컴퓨터 게임을 하느라고 학교에도 지각을 하고, 방과 후에도 PC방에 가서 게임을 하고 학원에도 결석하기 시작했다. 아빠는 단순하게 생각했다. 유상이가 게임을 마음껏 계속 하도록 내버려두면 언젠가는 컴퓨터 게임에 질려서 공부를 하게 될 것이라고 말했다. 그래서 컴퓨터 게임을 마음껏 하도록 두었더니 이제는 상황이 악화되어 자기 방에 들어가서는 나오지도 않는다고 말하였다. 한 번은 분노한 아빠가 집에 있는 컴퓨터를 부수었는데 아들이 새벽에 이불을 덮어쓰고 컴퓨터를 고치고 있었다고 한다. 자신은 유명한 교육전문가인데 지금의 상황이 창피해서 어디에 가서 말도 못하겠고, 늘 바쁘다는 이유로 아이를 챙기지 못했더니 이제는 대화하거나 소통을 하는 것조차 어색한 관계가 되어버렸다고 한탄하셨다.

먼저 컴퓨터 게임에 대한 나의 생각을 말씀드렸다. 요즘 게임 프로그램은 부모님 세대의 게임들과 달리 고객(User)들의 심리까지 치밀하게 연구하여 디자인되어 있어 절대 질릴 수 없는 구조로 프로그램화되어 있다는 사실을 강조했다. 더구나 온라인 게임으로 네트워크화되어 있어 게임을 즐기게 되면 빠져나올 수 없는 흥미와 재미 때문에 중독성을 지니고 있는 것이다. 옛날 부모님 세대의 단순한 게임 경험으로 너무 위험한 시도를 한 것 같다고 언급하며 이는 다시는 시도해서는 안될 교육법이라고 코칭을 해드렸다.

컴퓨터 이야기로 꽃피운 상담

입학테스트를 먼저 진행하였다. 입학테스트를 매개로 유상이와 직접 솔직한 대화를 하고자 하였고, 그가 현재 어떤 상황인지 보다 객관적으로 파악을 하고자 애썼다. 그리고 입학테스트 과정 안에 있는 학습자의 긍정성, 주도성, 배경지식, 태도, 매너들을 직접 진행하면서 유상이와 소통했다.

유상이가 가장 관심을 가지고 있는 것이 무엇인지 물어보았다. 컴퓨터 게임이라고 대답을 하였다. 나는 나의 지인 이야기를 했다. 그 지인은 한국에서 매우 유명한 게임프로그램을 개발하고 난 이후 캐나다로 이주하였는데 지금 거기서도 다른 프로그램을 개발 중이다.

"유상아, 네가 가장 관심 있어해 하는 게임이 무엇이니?"

"네가 자주 가는 게임방이 있잖아. 거기에 자주 가는 이유는 무엇이니?"

유상이가 적극적으로 대화에 참여하였다. 자기 나름의 사연과 이유들이 있었다. 그간 학원에 와도 무슨 말인지 알아듣지 못해서 그냥 아무런 생각을 하고 싶지도 않았고, 함께 어울리던 친구들과 공부의 격차가 점점 벌어지면서 게임에 더욱 몰두하게 되었다고 한다. 자신의 존재감을 느낄 수 있는 게임을 하면서 그런 걱정을 다 잊어버리려고 했다는 것이다.

이렇게 게임을 소재로 시작된 우리들의 이야기는 계속 이어졌다. 진심으로 궁금한 마음을 가지고 유상이의 말을 들어주고, 나 역시 배우고자 하는 마음으로 궁금한 것들을 질문하고, 평가하고자 하는 자세가 아니라 공감하는 마음으로 유상이의 이야기를 들어주었더니 이런저런 이야기들을 풀어놓았다.

그래도 교육상담이고 입학테스트이므로 공부 이야기를 살짝 꺼내어 질문했다.

"너, 대학을 가고 싶니?"

"갈 수 있으면 가고 싶어요." 유상이 역시 살짝 무심한 듯 대답을 했다. 하지만 그의 마음 속에 숨어있는 작은 희망의 씨앗을 발견하기에는 충분한 대화였다.

입학테스트 결과는 당연히 형편 없었다. 하지만 유상이가 가지고 있는 기본적인 예의바름, 긍정적인 표정, 탄탄한 독서력으로 다져져 있는 국어실력에 희망을 가지고 입학을 결정하였다. 어머님과 학생과 몇 가지 약속을 했다. 절대 지각이나 결석을 하지 않겠다, 그동안 놓친 공부 시간을 지금부터 저축해 간다는 생각으로 의자에 엉덩이를 붙이고 앉아있는 힘을 키우는데 적극적으로 노력하겠다는 이 두 가지 다짐을 받았다.

솔루션 – 신문 읽기

게임의 세계에서 공부의 세계로 새로운 여행을 하는 유상이를 위해서는 유상이의 부모가 함께 손을 잡고 가는 것이 중요하다고 판단했다. 어머님께 요청했다. 유상이에게 아침 식사를 차려주고 나서 주 2회 아이를 위해 신문읽기를 해주라고 요청드렸다. 처음 6개월 동안은 절대로 엄마가 읽은 내용을 이해 했는지, 어떻게 생각하는지에 대해 확인하는 질문을 하지 말고 그냥 엄마가 좋아하는 토픽, 유상이가 좋아하는 토픽 2–3개만 소리 내어 읽으라고 했다. 유상이가 밥을 먹고 있는 동안 옆에서 신문에 난 사진을 보여주고, 신문 토픽의 큰 제목들을 읽어주면서 유상이가 어떤 토픽을 고르더라도 감정을 드러내지 말고 무조건 재미있게 흥미를 가지고 또박또박 읽어주라고 말씀드렸다.

아빠에게는 주말에 지방에서 집으로 돌아오면 아들과 함께 운동도 하고, 사회나 바깥 세상의 이야기를 들려주라고 했다. 아들의 공부를 돕는 전문가들이 있으니 공부 걱정은 마시고, 부모로서 아이와 생각을 맞추고 서로 공통분모를 경험하는 이야기들을 조금씩 만들어 가는 것이 가장 소중하다고 말씀드렸다. 이런 소통과 만남의 과정을 잘 이어지도록 하여 유상이가 관심을 가지는 것이나 하고 싶은 일이 무엇인지 천천히, 한걸음씩, 표현할 수 있도록 함께 그림을 그려가 보자고 말씀드렸다.

유상이의 레벨에 맞는 공부부터 시작했다. 처음에는 아주 쉬운 초등문법과 어휘공부, 이 두 가지 파트만 시작했다. 유상이의 학교 진도나 학년에 맞춘 공부가 아니라 유상이의 수준에 맞춘 공부의 분량과 난이도부터 시작을 했더니 유상이가 점점 더 자신감을 가지기 시작했다. 중학교 1학년 학생이 초등학교 5학년 수준의 단어와 문법과 영문쓰기(writing)를 공부했으니 얼마나 쉬웠겠는가? 유상이는 초급 영어부터 시작했다. 하지만 이러한 시작으로 출발할 때 "할 만 하네. 나도 할 수 있을 것 같다"는 생각을 갖게 된다. 이 과정을 통해 자기 자신에 대해 긍정적이고 건강한 마음밭을 가지게 되는 것이다. 이러한 기초 체력과 자신감이 이어지는 다음 단계의 공부에 가장 큰 힘으로 작용하게 되는 법이다. 유상이와 부모님이 소통하기 시작하고, 유상이는 조금씩 영어 공부의 세계로 진입하였다.

3개월을 그렇게 공부한 한 후, 그 다음 단계의 공부를 하나 더 추가했다. 이런 방식으로 하나씩 하나씩 양을 늘여나가서 유상이가 중학교 3학년이 되자 현행 학년의 실력에까지 성장하게 되었다. 유상이는 지금도 차근차근 열심히 공부하고 있다. 국어 선생님이 되겠다는 꿈을 품고서, 자신의 삶을 변화시키고 매일 성장해 가고 있는 중이다.

학부모를 위한 Tip

- 부모와 자녀 사이에 자연스러운 소통의 기회를 꾸준히 만들기.
- 사춘기 아들, 딸에게 독해력, 사회력을 잡는 신문 읽어주기.
- 스스로 표현할 때까지 듣고 있는지 어떤지 절대로 확인질문 하지 않기

학생을 위한 Tip

- 매일, 제시간에, 제자리에 출석하는 출결 습관이 모든 공부의 시작이다.
- 기초가 부족하면 가장 쉬운 기초부터 공부하라. 꾸준히 하면 어느새 따라잡는다. 때로는 추월할 수도 있다.

저 정말 잘하고 싶어요

– 학습계획과 멘토링 과정을 통해 이룬 슬빈이의 기적 –

고성관

막 겨울이 지나는 해빙기, 비가 많이 왔던 2월의 어느 날, 한 통의 전화를 받고 급하게 상담을 하였다. 중학교 2학년 슬빈이와 어머니를 함께 만났다. 슬빈이의 모습이 지금도 생생하게 기억난다. 야윈 체격에 유난히 반짝이는 눈을 가진 아이, 하지만 무언가 불만이 가득한 내성적인 슬빈이. 슬빈이는 분명 스스로의 선택이 아니라 어머니의 무언의 압력에 이끌리어 왔음을 한 눈에 파악할 수 있었다.

슬빈이의 어머님과 한참 동안 이야기를 나누었다. 학생이 좋아하는 것은 무엇인지, 학생이 관심을 가지고 있는 것은 무엇인지를 찾아내고자 소통하였다. 이윽고 나는 슬빈에게 하나의 질문을 던졌다.

"지금 무슨 생각을 하고 있어?"

"저 학원 다니기 싫어요!"

작은 망설임도 없이 슬빈이는 떨리는 작은 목소리로 나에게 절규하듯 말하였다.

"지금 마음의 준비가 안 되어 있는데, 어쩔 수 없이 엄마의 권유로 여기까지 왔구나?"

나는 살며시 얼굴에 미소를 머금고 슬빈이의 마음 가까이로 다가가고자 하였다.

상담을 하는 내내, 슬빈이는 그 어느 것 하나에도 확신이 없어 보였고, 학원 공부라는 새로운 도전을 하는 것조차 두려워 보였다. 그간 나름대로 열심히 하는데 기대한 만큼 성적이 나오지 않아서 조금은 지쳐있는 듯 보였다. 슬빈이의 모습은 마치 사형선고를 받은 죄수가 감옥 안에서 목표를 잃고서 벽만 쳐다보고 있는 듯한 느낌을 주었다.

학습유형검사

슬빈이의 학교 성적은 중위권이었다. 자신의 성적에 대해 큰 불만이 없어 보였고, 스스로 노력하는 만큼의 수준이라고 추정하였다. 여러 차례 질문을 주고받으면서 슬빈이의 성향을 파악하였지만 소극적인 슬빈이가 말을 아껴서 정교한 판단을 하기가 쉽지 않았다. 그래서 정확한 확인을 위하여 학습유형검사를 조심스럽게 슬빈이와 어머님께 권했다.

학습유형검사 결과가 나오자 나는 잠시 머리가 멍해졌다. 내가 직접 상담을 하며 겉으로 드러난 설빈이의 성향과는 그 결과가 너무나 달랐다. 나는 슬빈이가 내향적 목표(내면적 자아에서 일어나는 학습을 받아들이는 정도. 학습을 할수록 스스로 똑똑해진다는 느낌을 받으며 공부에 대한 즐거움을 느끼는 정도)가 높을 것이라 생각했었다. 검사 결과는 나의 생각과 정반대였다. 슬빈이는 오히려 외향적 목표(외부에서 자아의 성취를 찾으며, 칭찬과 인정을 받고 싶은 욕구의 정도)가 매우 높고, 그 수치도 상위 1%에 속하는 결과가 나왔다. 또한 슬빈이는 상담을 하는 내내 부정적인 언어를 많이 사용하였으므로 자기효능감(학습에 대한 자신감 능력. 자기 자신에 대한 믿음과 신념의 정도)이 매우 낮을 것으로 판단했었다. 나의 추정과 달리 검사 결과 슬빈이는 자기효능감이 굉장히 높은 학생이었다.

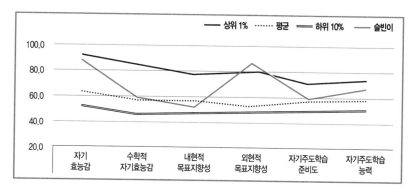

〈슬빈이의 학습유형 검사 결과표〉

결과를 보고서 나는 직감적으로 알게 되었다. 지금 슬빈이는 선생인 나를 확신할 수 있을 것인지 확인하면서 일종의 시위를 하고 있는 것이었다. 아니 나를 떠보고 있는 것이었다. 슬빈이에게 학습유형검사의 항목을 하나하나씩 설명해주면서 나는 오로지 하나의 목표만 생각했다. 그것은 바로 슬빈이에게 확신을 주는 것이었다.

학습코칭

슬빈이와 구체적인 학습계획을 세우며 대화하였다. 먼저 슬빈이가 지금 공부하고 있는 방법들을 설명해 달라고 했다. 그리고 슬빈이가 무엇을 잘하고 있는지에 초점을 맞추어 대화를 진행하였다. 슬빈이에게 학습일지를 함께 만들자고 제안하였다. 한 달, 한 학기 계획이 아니라, 우리는 하루하루 학습계획을 세우기로 했다. 매일 잠들기 직전에 내일 해야 할 다섯 가지 학습 계획을 기록하고, 그 다섯 가지 학습계획에 맞춰 시간계획을 세우기로 했다. 또한 슬빈이가 공부를 하는 이유를 자신의 손으로 적어보게 하고, 꿈과 목표의 중요성에 대해 강조하였다. 그리고 예습의 중요성을 설명하고 예습해야 할 중요과목을 지정하고, 예습은 과목당 10분 이내로 끝마쳐야 효율적임을 언급했다. 즉 예습은 실제 공부가 아니라 그 과목에 대한 호기심을 만드는 수준에서 개요를 간단히 살피는 방식으로 하는 것이 효과적임을 강조하였다. 또한 복습은 4번의 주기로 반복하며, 각 복습시간은 과목당 5분 이내로 끝내야 하며, 복습에서 가장 중요한 것은 '질문을 던지는 것'임을 인지시켰다. 무엇보다도 이 학습계획은 슬빈이 '너'이기 때문에 가능할 것이라고 확신시켜 주었다.

나의 설명을 귀 기울여 듣던 슬빈이는 고개를 끄덕이기 시작했다. 나를 거부하는 눈빛에서 신뢰의 눈빛으로 변하고 있었다. 그렇게 슬빈이와의 학습코칭이 시작되었다. 슬빈이처럼 외향적 목표 지향성이 높은 아이들의 특징은 자신의 학습에 대한 피드백이 부족하거나 자신의 노력과정을 주변에서 알아주지 않으면 쉽게 지칠 수 있다. 나는 슬빈이에게 약속했다. 네가 공부하는 그 과정을 꾸준히 확인해 주며 피드백해주는 멘토(Mentor)로서 너와 함께 있을 것임을.

슬빈이의 쾌거

그렇게 시작된 슬빈이와의 학습코칭은 슬빈이의 집중력있는 공부로 이어졌다. 그 과정이나 결과는 단지 '놀랍다'라는 말로밖에 표현할 수 없을 것 같다. 매일 매일 슬빈이의 학습 진행상황을 확인하였고, 진심을 담아 칭찬하고, 슬빈이의 존재와 노력을 인정하는 과정이 지속되었다. 슬빈이도 나도 서로를 점점 신뢰하게 되었다. 슬빈이에 대한 나의 신뢰가 형성될 때쯤 슬빈이가 학교 시험을 치렀다. 슬빈이는 전교 1등이라는 쾌거를 거두었다. 그 다음 시험에서는 '올백'이라는 놀라운 점수를 받아왔다.

내가 확신하는 가치를 슬빈이에게 들려주었다.

"사람이 능력이 있다는 것은 무엇일까. 더 많은 사람들에게 베풀어 줄 것이 많고, 많이 베풀어주는 사람이 진정한 부자이다. 우리가

능력을 키우는 것은 더 베풀어 줄 수 있기 위해서이다."

이렇게 말하는 나에게 슬빈이는 자신의 꿈을 이야기한다.

"선생님. 저는 선생님처럼 환자들의 마음을 읽어주고 그들의 병을 고쳐주는 의사가 되어 그들에게 제 능력을 베풀어 보겠습니다."

나는 내 직업이 너무 좋다. 그래서 오늘도 나는 많은 학생들 앞에서 그들의 이야기에 귀를 기울인다.

상담자와 학습코치를 위한 Tip

- 학생의 행동을 가지고 모든 것을 판단해서는 안된다.
- 학생의 목표를 세울 때는 구체적이고 실체적이어야 한다.
- 학업일지를 기록하면 학습습관이 형성된다.
- 학생의 성장은 관찰과 확인에서 시작된다. 그리고 격려하는 멘토가 되어야 한다.
- 학생은 무한한 가능성의 집합체이다.
- 매일 매일 내일 공부해야 할 학습계획을 미리 글로 적어보라.

샘, 저도 할 수 있을까요

– 영어 50점의 고3 동희가 100점을 맞다 –

박기철

7월 말에 동희 엄마한테서 연락이 왔다. 아들이 이제 고3인데 영어과외를 부탁한다고 하신다. 그 여동생을 맡겨보니 선생님이 제일 믿음직하다고 말씀하신다. 기분이 좋았다. 수능까지 100일 정도 남은 상황에서 영어 일대일 수업을 맡기는 만큼 2~3 등급 학생이리라 짐작했다. 7년 전 그 당시 영어는 상대평가(1−9등급)였고, 보통 92점에서 94점이 수능 1등급 컷이었던 때였다. 동희를 만나보니 나의 예상을 완전히 빗나갔다. 모의고사에서 제일 잘 나온 점수가 50점이었다. 수학은 30점이었다. 아버지와 어머니, 그리고 동희와 내가 앉은 자리에는 비장함과 우울함만 가득하였다. 전문대학도 들어가지 못할 것 같

학생상담 사례 · 샘, 저도 할 수 있을까요 **71**

은 분위기에 이 아들을 어떻게 해야 할지 부모님의 걱정은 이만저만이 아니었다.

새벽공부 시작하다

일주일에 2회 2시간씩 공부하기로 했다. 문제는 시간을 확보하는 일이었다. 당시는 학교에서 야간자율학습을 강제로 하던 시기라 평일에 시간을 맞추기가 어려웠다. 특히 동희는 밤늦게 공부하기보다 아침 일찍 공부를 하고 싶어 했다. 밤 늦은 시간에는 머리 회전이 안되고, 실제로 그렇게 늦게까지 해보니 비능률적임을 알았다는 것이다. 동희의 동생을 2년 동안 가르쳐 온 내게 부모님은 어려운 부탁을 했다. 나와 집이 가까우니 새벽에 해 줄 수 없겠느냐고 간곡히 부탁을 했다. 평소 새벽 2시에 잠을 자는 내게 새벽 5시에 수업을 해 달라고 하니 난감하기 이를 데 없었다. 하지만 작심하고 공부를 하리라고 머리를 빡빡 깎은 동희의 결의에 찬 눈빛은 나의 마음을 움직였다. 그렇게 동희와 100일간의 새벽공부가 시작되었다.

마침 나는 그때 반신욕과 동일한 효과를 볼 수 있다는 족욕(足浴)에 대한 책을 읽고 있을 때였다. 실제로 족욕을 해보니 짧은 수면시간에도 불구하고 새벽에 거뜬히 일어날 수 있었던 것 같다. 시작할 때는 여름이라서 새벽공기가 맑았지만 가을에 접어들수록 새벽에 일어나기가 점점 버거워졌다. 하지만 새벽에 동희네 집에 갈 때마다 동희는 이미 학교에 갈 채비를 다하고서 나를 기다렸다.

질문들이 이어지다

그런데 변수가 생겼다. 첫 한 달 동안 진도빼기가 매우 힘들었다. 그것은 바로 동희의 질문이 너무 많은 것이다. 처음에는 다른 학생들보다 공부에 적극적이구나 하는 마음이었는데, 시간이 가면 갈수록 질문이 너무 많아서 그 질문에 대답하다보면 수업시간이 다 지나가는 것이었다. 동희의 상황에 맞춰서 나대로 진도를 맞추고 계획을 짰는데 예기치 못한 변수가 수업의 흐름에 차질을 조성하고 있었다. 한마디로 공부 계획에 위기가 닥친 것이다.

"선생님, 제가 영어를 어떻게 공부해야 할지 몰라서 단어만 정말 죽어라고 이렇게 많이 외웠어요. 그런데 문법이나 문장구조, 독해 등 궁금한 점들은 어떻게 해결할지 몰라서 이렇게 적어놓았어요."

동희는 나에게 노트를 보여주었다. 그 질문 노트는 동희가 그간 영어공부를 하면서 궁금한 것들을 그때마다 적어놓았던 것이었다. 그 노트를 보면서 나는 자신감이 생겼다. "이 녀석, 해낼 수 있겠구나!" 그렇게 한 달 동안 동희의 질문을 받아주면서 보내게 되었다.

동희는 수업 때마다 또 다른 질문을 던졌다. 이 질문은 매우 궁극적인 질문이다. "샘, 제가 정말 할 수 있겠죠?" 나는 그때마다 격려해주었다. "너는 지금 열심히 하고 있고, 이렇게 새벽공부를 하는데 당연히 할 수 있다."

도전 – 기적 – 재도전

그렇게 새벽공부를 하며 한 달 반 정도 지나 어느덧 9월 고3 모의고사를 보게 되었다. 놀랍게도 동희의 영어 점수가 94점이 나왔다. 1등급이었다. 동희는 환호하며 소리치며 좋아하였다. 동희의 점수와 기뻐하는 모습에 새벽별을 보며 일어나 수업을 하였던 그 동안 고된 수고가 봄 눈 녹듯이 녹아내렸다. 더욱 더 놀라운 일이 일어났다. 동희가 10월 모의고사에서는 100점을 받았다. 당시에는 이런 농담이 있었다. 10월 모의고사는 고3 학생들 자살방지를 위해서 비교적 문제를 쉽게 출제한다고. 하지만 100점 만점이라는 점수는 기적같은 점수이고 동희가 자신의 한계를 극복했다는 것을 축하하는 크나큰 훈장이었다. 수능 시험에서 동희는 영어 점수를 96점을 받았다.

하지만 수학 점수가 너무 낮게 나와서 목표를 달성하지 못했다. 아마 수학은 역시 기초체력을 회복하는 데에 보다 오랜 시간이 필요했던 것 같다.

재수를 권유하는 나에게 동희는 이렇게 대답했다.

"선생님, 더 이상 못하겠어요. 정말 최선을 다해서 더 이상 힘을 못 내겠어요."

동희는 놀라울 정도의 집중력을 발휘하여 진정 최선을 다하였기에 그의 대답에 나는 공감을 했다. 그런데 한 달 후 동희는 다시 기운을 차리고 재수종합학원에 들어갔다. 재수를 시작한 이후에도 동희를 몇 번 만났다. 동희는 정말 자신감이 넘쳐있었다. 동희는 마침내 수학 점수를 올리게 되면서 동국대학교 건축학과에 정시로 들어갔다.

동희가 나와 수업을 하면서 내게 해 준 말이 있다.

"선생님 만나고 제가 정말 꿈을 꿨어요. 한양대학교도 갈 수 있겠구나 싶었어요. 정말 하면 되는구나. 나도 될 수 있다!"

이런 고백적인 말 한 마디는 나를 존재하는 힘이 된다. 학생을 가르치는 자로서 참으로 가슴이 뭉클해지고 삶의 보람을 느끼게 된다.

동희는 중학교 시절 3년을 밴드부를 하며 음악을 하며 노느라 정신이 없었다. 그렇게 지내면서 공부의 기초를 쌓지 못하고 생활습관도 엉망인 채로 고등학교 1~2학년을 보냈었다. 고등학교 2학년 겨울방학부터 공부하기로 마음 먹기 시작하고, 나와는 고3 여름방학을 막 시작할 때 만나 공부를 시작했다. 동희와 만남은 100일간의 영어수업을 위한 짧은 만남이었다. 하지만 동희는 작은 기적을 만들었다. 자기 자신에게도, 그리고 가르치는 나에게도 굵직한 획을 그어준 사건이 되었다. 동희가 군대에 입대하여 제대 후에 한두 번 찾아왔다. 의젓한 대학생이자 당당한 젊은이로서 동희는 참으로 듬직하고 자신감 넘치는 모습을 하고 있었다. 자신의 삶을 스스로 변화시키고 새롭게 창조한 에너지가 그를 감싸고 있었다.

기초가 없는 학생을 위한 공부 Tip

질문노트를 만들어야 한다.

모르는 것부터 해결하면 지적인 충족감이 넘쳐나게 된다.

생활습관을 잡는 것이 우선이다.

자신에게 맞는 학습패턴과 생활패턴을 찾고 유지해야 한다.

나는 내 아이 엄마입니다

— 서연이 엄마의 눈높이 낮추기와 마음 내려놓기 —

최현경

끊임없이 딸을 압박하는 엄마

서연이는 걱정이 많은 학생이었다. 성격이 소심하고 사회성이 부족하다고 주변 사람들이 걱정을 하던 청소년이다. 어릴 때부터 일하는 엄마 대신 할머니가 서연이를 맡아 서연이의 일상생활을 돌보고 챙겨 주었다. 엄마는 서연이가 고등학교 입학을 하게 되면 스스로 알아서 하기를 원하였다. 엄마는 서연이가 고등학생이 되면 수험생으로 3년을 보내야 한다고 믿고 있었다. 입학을 앞두고 엄마의 마음은 급해졌다. 서연이가 하루 동안 공부하는 시간이 턱없이 부족하다고 느껴서 서연이를 쉴새 없이 압박하였다. "단 한 순간도 빈 시간이 없이 책상에 앉아 있어야 한다." 서연이가 나를 찾아오게 된 이유도 공부시간을 확보하는 방법을 알기 위해서였다.

서연이 엄마는 직장동료들의 자녀가 학교에서 높은 점수를 받아오는 것을 부러워하였다. 그래서 서연이를 학원도 보내고 과외공부도 시켰다. 그들처럼 똑같이 학원을 다니고 과외를 하고 있는 서연이 역시 당연히 높은 점수를 받아야 한다고 믿고 있었다.

내가 관찰한 서연이는 독해력과 이해력이 중간 정도에도 미치지 못하는 아이였다. 실생활에 대한 경험도 부족한 것들이 많았다. 또래 아이들과 함께 경험할 수 있는 놀이도 할머니와 엄마의 보호 때문에 해보지 않은 것들이 많았다. 학원에서 집으로 귀가한 후, 저녁 외출은 생각조차 할 수 없었다. 그래서 심야에 편의점 영업을 하는 것이 신기하다고 말할 정도였다.

학교 시험이 끝나면 친구들과 놀러 가는 대신 할머니와 엄마와 함께 사우나에 가는 것을 즐기는 아이였다. 엄마는 서연이의 친구 엄마들과 함께 교류하거나 나들이도 해 본 적이 없었다. 서연이도 엄마도 특별히 친한 친구가 없으니, 청소년 시절에 친구 때문에 고민하는 것을 이해하지 못했다. 엄마와 대화나 질문도 언제나 한결같았다. 숙제했니? 공부했니? 학원 다녀왔니? 책 읽었니? 이런 내용이 대부분이었다. 하지만 서연이 마음속에 '나도 친한 친구가 있으면 좋겠다'고 생각하는 것을 엄마는 모르고 있었다.

성실하게 공부해도 70점

어머님께 '입시에 대한 기본적인 이해'를 설명했다. 서연이가 공부에 게으른 것이 아니란 점을 분명히 말해 주었다. 그리고 고등학교에서는 초등학교나 중등학교에서처럼 모든 과목을 80이나 90점 이상을 받는 고득점 학생은 그리 많지 않다고 말했다. 현재의 서연이의 성적으로 고등학교에 들어갔을 때, 엄마는 아마 처음으로 받게 되는 서연이의 시험 점수를 보고 충격을 받을 수도 있을 것이라고 말씀해 드렸다. 중학교 때 서연이가 다닌 학교는 그다지 학구열이 높지 않은 지역에 위치하고 있었다. 학력 레벨이 높지 않은 지역의 학교에서 평균 80점을 받기도 힘든 아이였으니 이는 예상할 수 있는 현실이었다. 서연이는 게으르지 않게 비교적 성실하게 공부하는 학생이었다. 그러나 그간의 학력 기초를 고려하건데 진짜 우등생이 되기 힘든 아이였다. 나는 서연이 엄마에게 만일 딸이 고등학교에서 70점을 받아오면 최선을 다한 것이므로 충분히 칭찬해줘야 한다고 솔직하게 말씀드렸다. 아마 70점조차 쉽게 받을 수 없을 수도 있다는 말도 곁들였다.

딸을 비난하는 엄마

서연이가 고등학교를 진학하였다. 서연이가 고등학교에 진학한 후 첫 시험을 치르고 받은 성적을 보고 엄마가 받은 충격은 예상했던 대로였다. 엄마는 서연이가 공부를 열심히 하지 않았기 때문에 낮은 점수를 받았다고 비난하였다. 엄마는 자신은 결코 문제가 없다고 확신하고 있었다. 엄마는 자기 중심으로 생각하고 있었고 크게 착각을 하고 있었다. 나는 민감한 내용의 말을 하면서 엄마가 달리 생각하도록 자극하였다. 나의 생각에는 '서연이가 만일 다른 부모에게서 태어났다면 어쩌면 이와 다른 결과가 나올지도 모르겠다'고 말씀드렸다. 시험 점수가 낮은 것은 공부를 안 해서 만이 아니다고 거듭 강조했다.

"더 이상 아이를 비난하는 것은 전혀 도움이 되지 않습니다."

엄마는 현실을 인정하기가 힘들었다. 그 누구에게도 뒤지지 않게 최선을 다해 뒷바라지를 해온 자신에게 되돌아오는 보상이 턱없이 부족하다는 사실에 분노가 생기기도 하였다. 나는 서연이 엄마의 마음을 이해하고 충분히 공감한다. 나 역시 학부모였기 때문이다. 하지만 서연이 엄마가 입장을 바꾸어 딸의 입장에서 깊이 생각해 본 적이 있는지 궁금했다.

"선생님, 억울해요."

"네, 어머님. 억울하신 거 알아요. 그런데 아마 서연이도 억울할 거예요."

"아무것도 하지 않고 자리에 앉아 공부만 하는데 뭐가 힘들어요?"

"어머님, 어머님은 학교에 다닐 때 공부가 그렇게 쉽고 재미있었나요? 어머님은 우등생이셨어요? 매번 90점 이상의 성적을 받고, 매일 책상에서 하루를 보내셨어요?"

"저는 아이가 갖고 싶은 것, 하고 싶은 것 모두 해줬어요."

"그건 엄마가 해주고 싶은 것, 주고 싶은 것들이 아니었을까요?"

"모르겠어요."

엄마가 소름끼쳐요

서연이 또한 열심히 공부를 하였지만 형편없는 성적을 받아서 자책하는 마음이 컸다. 자존감이 거의 바닥에 이를 정도였다. 다그치고 자신을 비난하는 엄마만 보면 주눅이 들고, 책상에서 일어나면 불안해서 잠도 편히 자지 못했다. 머릿속에는 '공부'라는 글자가 떠나지 않는 강박이 서연이를 사로잡고 있었다. 마음 편히 잠을 못 이루는 이후도 서연이는 하루 종일 멍한 눈으로 책상에 앉아 시간을 보내고 있었다.

서연이는 엄마를 악마 캐릭터에 비교할 만큼 '엄마가 싫다'고 말한다. 엄마가 자신을 쳐다보는 것을 느끼는 순간, 소름이 끼친다고 말했다. 좀 더 깊이 대화했다. 사실은 엄마가 밉거나 싫은 것은 아니라고 말한다. 그런데 '자신이 공부하는 모습을 보여주고 싶지 않다'고 말한다. 지금도 서연이는 엄마가 잠드는 것을 확인하고 난 이후 공부를 시작한다.

있는 그대로 받아 들이는 연습

서연이 엄마와 상담하면서 엄마의 마음속에 있는 고충과 아픔에 귀를 기울였다. 그리고 딸을 위한 지혜로운 지원자가 되실 것을 부탁했다. 이제 엄마는 서연이에게 공부와 관련된 그 어떤 이야기도 묻지 않는다. 자신의 기대에 따라 요구하지도 않는다. 오히려 엄마와 딸로서 평범한 일상의 이야기를 사이좋게 나누는 연습을 하고 있다. 엄마도 처음 겪는 상황이고 그간 어떻게 딸을 도와야 할지 몰랐을 뿐이다. 이제 서연이도 점점 엄마가 따뜻하다는 것을 알아가고 있는 중이다. 조금씩 엄마를 이해하며 마음으로 수용하고 있다. 대화를 통해 엄마가 진심으로 자신을 사랑하는 것을 확인해 나가면서 조금씩 자존감을 회복해 가고 있는 중이다.

엄마 역시 쉬운 과정이 아니다. 자신의 욕심과 기대가 앞서 때로는 가슴이 터지는 것 같지만 하나씩 하나씩 내려놓기를 하고 있다. 서연이 엄마는 내 아이를 바로 보는 연습을 하고 있다. 한 집에서 함께 살고 있는 내 딸을 있는 그대로 받아들이고, 손잡고 함께 미래를 준비하는 좋은 엄마로 성장해 가고 있다.

엄마의 지혜로운 판단을 위한 Tip

- 비교의식을 버리십시오

엄마들 주변에는 유독 1등급도 많고 그 힘든 인서울 대학에 다니는 아이들이 많다. 하지만 단순하게 결과만 듣고 내 자녀의 성적과 비교하는 것은 금물이다.

- 비교하지 말고 자신을 먼저 분석하십시오.

비교를 해야 하는 것은 아이의 성적이 아니다. 우선 부모의 성향과 아이의 기질도 분명히 알아봐야 한다. 부모가 아이에게 만들어주는 물리적 환경보다 더 중요한 것은 정서적 안정이다. 부모의 지나친 개입과 간섭이 오히려 공부의 가장 큰 장애물이 될 수도 있다.

- 기다려주십시오.

학습에 대한 동기부여가 확실하고 목표가 분명하다면 부모는 아이를 믿고 기다려주는 것이 좋다 그리고 아이가 요청하는 것들에 성실하게 대응하고 지원하는 것이 필요하다. 부모의 경험을 기준으로 강요하거나 압박하는 것은 좋은 방법이 아니다

- 다정하게 대화하고 충분히 소통하세요.

경청하는 자세를 잃지 않고 아이와 충분히 소통하는 관계를 유지하는 것이 중요하다.

- 함께 로드맵을 그려보십시오.

아직 진로를 정하지 못했다면 불안해하지 말고 함께 찾아보는 것을 게을리 하지 말기 바란다. 대학교 홈페이지에서 학과에 대한 검색을 시작으로 전공과목을 알아보거나 관련된 진로를 알아보는 것도 추천한다. 내 아이의 현 위치와 수준을 인정하고 목표에 도달하기까지 가장 적절하고 효과적인 로드맵을 현실적으로 그려보기를 권한다.

공부의 왕도

― 산만한 고등 1학년 서호의 내신 성적 상승의 기적 ―

고성관

　어디에서든 리더의 역량이 중요하다. 많은 사람에게 영향을 미친다. 학생들의 리더인 선생님은 두말 할 것이 없을 것이다. 지식을 가르치는 선생님과 꿈을 가르치는 선생님 중 어느 선생님이 훌륭하다 할 수 있을까? 물론 두 선생님 모두 중요하다. 만일 이 둘 중에 하나만 선택하게 된다면 나는 학생들에게 꿈을 가르쳐 주는 선생님의 역할이 보다 중요하다고 생각한다.

　"선생님의 꿈의 크기가 학생들의 꿈의 크기를 좌우할 수 있다."

　나는 이 말을 교육 현장에서 너무나 많이 경험하고 있다.

언제나 패자, 스스로 패자

유난히도 추웠던 12월, 서호를 처음 만났다. 서호는 산만했다. 시선을 어디에 두어야 할지 모르는 그 눈동자는 무언가 불안한 빛을 드러내었다. 이와 대조적으로 서호의 어머니는 상당히 침착하고 차분하게 아들에 대해 설명해 주었다. 서호에 대해 객관적으로 들어 본 결과 서호는 그동안 학습 영역에서든 놀이의 현장에서든 심지어 아주 작은 그 어떤 것에서도 승리감을 맛본 적이 없었다. 즉 성취감이 무엇인지 모르는 학생이었다. 서호 스스로 자신이 패자임을 인정하고 있었다. 자기 나름대로 여러 번 도전을 하기도 하고 열심히 노력했는데도 '그 결과는 좋지 않았다'고 말하며 푸념하듯 이야기를 쏟아내었다.

나는 서호에게 하나의 질문을 던졌다.

"서호는 서호라는 아이가 좋아?"

"네." 서호는 스스럼없이 대답했다.

"서호는 서호를 좋아한다는 게 뭔지 알아?" 이어서 질문했다.

서호는 무슨 말을 해야 할지 머릿속에서 찾고 있는 듯 했다. 이어서 나는 서호의 마음에 작은 씨앗을 심어주고자 나의 이야기를 들려주었다. 내가 나 자신을 발견하고 진정한 나의 삶을 살아간 이야기를. 그리고 자신을 사랑하는 법을 말해 주었다.

"서호야, 자기 자신을 사랑한다는 것은 자신이 아닌 누군가를 인정하지 않는다는 말이야. 왜 다른 친구는 할 수 있고 나는 할 수 없다고 생각하는 걸까. 자신을 사랑한다면, 나는 할 수 있고, 나만이 할 수 있다고 말하지 않을까. 지금 서호가 말하는 것은 계속적으로 친구들을 인정하고 자신을 부정하는 거야. 그 속에 서호 네 자신이 없어. 그것은 네가 네 자신을 사랑하지 않는다라는 말과 같지 않을까?"

결국은 자신과의 싸움이야

나는 어머니에게 그 다음 날 서호와 단 둘이 진행하는 개인 면담을 요청하였다. 서호와의 두 번째 상담이 시작되었다. 어머니는 동행하지 않았다. 내가 서호를 위해 해줄 수 있는 일은 '노력을 통한 성취감'을 스스로 느끼게 해주는 것이었다. 하지만 그 노력은 서호가 스스로 해야 하는 것이고, 그 노력을 시작하기 위해서는 서호가 확신을 기져야 했다. 나는 서호에게 진심을 담아 대화했다. 아니 호소했다.

"서호야, 좋은 대학에 간다고 해서 성공을 보장받는 것도 아니고, 나쁜 대학에 간다고 해서 실패를 확정짓는 것도 아니다. 우리는 살아가면서 주변 환경의 영향을 많이 받게 되는데 그 첫 번째가 어떤 부모님을 만나는 것인가에서 시작된다. 하지만 부모는 우리가 선택할 수 없다. 좋은 부모님을 만나는 것은 천운(天運)일 것이다.

20살이라고 하는 나이는 우리 인생에서 너무나 중요하다. 처음으로 내가 직접 나 자신의 환경을 만들어 성인으로서 사회에 나가는 것이지. 그래서 우리는 고1, 고2, 고3이 중요하다고 한다. 내가 살아갈 환경을 어떻게 만들어 내는지는 학생들 자신의 선택에 달려있다. 지금 선생님은 공부를 잘해야만 한다고 말하고 있는 것은 결코 아니다. 적어도 이 시기가 중요하다는 것을 알고 있고, 또한 무엇을 해야 할지도 알고 있으면서도 그것에 단 한번도 최선을 다해보지 않은 사람이 다른 무언가를 할 때에도 최선을 다할 수 있을까?"

나는 서호에게 결의있고 단호하게 말을 이어갔다.

"서호야, 우리가 어차피 경쟁을 해야 한다면, 그것이 공부의 싸움이라면, 우리 이기기 위해 싸우자. 이길지 질지 모르는 싸움은 피해야 하지. 하지만 우리는 무엇과 경쟁을 해야 할지 정확하게 알고 있고 그리고 그 목표도 명확하지 않니? 네가 선생님에게서 배워야 하는 것은 좋은 대학에 들어가는 방법이 아니라 이기는 법을 배웠으면 좋겠다. 우리는 누구와 싸우는 것일까? 결국은 자기 자신과 싸우는 것이라고 생각해.

데드라인(deadline)은 누구에게나 똑같이 주어지지만 스타트라인(Startline)은 사람마다 다르게 할 수 있다. 4월에 어차피 중간고사를 쳐야 한다면, 대부분의 학생들이 보름 정도를 남겨두고 벼락치기 공부를 하게 된다면, 똑같은 기간 동안 똑같은 시간을 들여 똑같은 노력으로 공부해서 우리가 이길 수 있을까? 그렇지 않아. 그렇다면 우리가 해야 하는 것은 그 스타트라인을 다르게 가져가 보는 거야. 즉, 먼저 출발하는 거야. 우리의 시험기간은 지금부터야. 지금부터 4월 중간고사 대비를 해보자. 과학은 EBS를 들으며 공부를 한다는 느낌보다 정리한다는 느낌으로 전체 윤곽을 잡고, 영어와 수학은 중간고사 범위까지 시험기간 준비하듯 공부를 하자. 선생님이 옆에서 도와줄게."

최초의 도전, 최초의 성취

서호는 얼굴에 환한 미소와 단호한 음성으로 "네"라고 대답하였다. 그렇게 서호와의 인생 첫 목표를 향한 도전이 시작되었다. 그렇게 서호의 첫 성취를 위한 준비를 시작했고, 공부의 스타트라인을 앞당겼다. 서호는 다른 때와는 다르게 노력하는 모습을 보여주었다. 나는 과목별 정리를 매주 확인해 주었다. 서호의 도전과 성실한 노력의 결과가 나왔다. 고1 1학기 중간고사를 치렀다. 서호는 한 과목을 제외하고 모든 과목에서 최고점을 받았다.

중간고사가 끝나고 서호는 나에게 감사의 뜻을 담아 캔 커피를 사 가지고 찾아왔다. 나는 서호가 대견하여 꼬옥 안아주었다. 서호가 자신과의 싸움에서 승리하고, 비로소 성취감을 경험한 것이 너무나 감격스러웠다. 이 글의 스토리는 어쩌면 정성이 담긴 그 커피에 대한 작은 답례일런지도 모른다. 서호에게 이렇게 말해 주고 싶다.

"서호야, 선생님으로 인해 네가 성장한 것이 아니라, 그 기간 동안 어려움을 잘 견디고 이겨낸 너의 노력이 우선이었단다. 이제 그렇게 맞서 싸운 너의 경험과 성취가 네 몸에 배어 앞으로 그 어떤 어려운 일이 있더라도 너를 가르치며 네가 이겨낼 수 있도록 도울 것이다. 너의 그 최초의 성취가 네 삶의 영원한 자산이 될 것이라고 믿어."

학생을 위한 Tip

- 학생들은 누구나 잘 하고 싶어 한다.
- 잘하고 싶다면 Startline을 다르게 하라. 일찍 일어난 새가 모이를 많이 잡는다.
- 학습은 인내이다. 하지만 그 열매는 달다.
- 관찰하지 않는다면 보이지 않는다.
- 도전하였다면 반드시 성공하는 경험을 하라. 그래서 성취감을 맛보라.

제2부

공부 근력 키우기

공부의 기초 체력이 없으면 열심히 공부를 해도 효과가 없다.
허약한 체력을 지닌 사람이나 병원에서 치료 중인 환자가
장거리 달리기를 할 수 없는 법이다.
먼저 건강을 회복하고 자신의 체력을 갖추는 일이 순서이다.

열심히 공부를 하고 있지만 조금도 성과가 없는 학생이 있다.
많은 시간을 들여 집중하지만 목표로부터 점점 멀어지는 경우도 있다.
이유가 무엇일까?
자신에게 적합한 공부 방법을 발견하지 못했기 때문이다.

공부의 근력을 키우는 가장 좋은 방법은
효과적인 공부법을 일정 기간 지속하여 실천하는 일이다.
이 장에서 다루는 공부법들을 살펴보면서
자신의 공부 방법을 성찰하고 살피는 것이 출발점이다.
여러 가지 아이디어와 제안과 전략들을 검토하고 실험해 보라.
얼마 지나지 않아서 스스로 터득하게 될 것이다.
그리고 자신의 공부 근력과 실력이 동시에 향상되고 있음을 발견하고
계속 공부할 힘을 얻을 것이다.

공부는 방법이다.
방법은 엔진이자 네비게이션이다.
방법을 알면 두렵지 않다. 반드시 전진한다.
방법을 터득하면 마침내 목표에 이른다.

자신의 시간을
기록으로 통제하라

김수정

공부의 기록, 즐거운 놀이가 되다

중고등 학생들에게 인기 있는 해시태그가 있다. 소셜 미디어인 인스타그램을 검색해보면 공부와 관련된 인기 있는 장들이 펼쳐진다. 공부와 연관된 내용으로서 인기를 끈다는 점은 다소 의외이다. 왜 그럴까? 공부는 해야 하지만 즐겁지 않다는 학생들의 기본적 생각을 바꾸어주고 있기 때문이다. 각 콘텐츠들이 지니는 특성과 가치가 있겠지만 '피할 수 없다면 즐기라'는 인식의 전환을 촉구한다는 공통점이 있다. 공부에 대한 발상의 전환이 바로 여기에 있다.

'공스타그램'이라는 검색어를 찾으면, 매일 매일의 공부기록을 각종 다이어리나 플래너에 적어 올린 형형색색의 사진들과 공부의 기록

영상 등을 볼 수 있다. 과거에는 플래너나 다이어리라고 하면 그날 하루에 무엇을 공부했는지를 기록하는 정도의 수준이었다. 하지만 지금은 10분 단위로 기록하고 색칠하며 매일의 공부기록을 남긴다. 또한 각자가 화려한 소품과 형형색색의 문방용품을 배경으로 공부하는 모습을 영상으로 보여준다. 이러한 기록작업이 각자에게 어떤 영향을 미치는 것인지 생각해 볼 필요가 있다.

과거 학부모 세대의 학력고사가 존재했던 시절, 전국 수석을 차지한 학생들의 뉴스 인터뷰 대답들은 한결같았다. '교과서 중심으로 공부했고 사교육은 받지 않았다'는 공통적인 대답들이 그것이다. 그래서 사교육의 도움을 받지 않은 학생들이 더 대단해 보였는지도 모른다. 하지만 그때건 지금이건 높은 성적을 내는 학생들의 공통점은 결국 동일하다. 그것은 자신의 시간을 어떻게 통제하는가에 달려있다.

누구나에게 24시간의 물리량을 지닌 하루가 주어진다. 이 시간을 어떻게 사용하고 관리하는가에 따라 전혀 다른 결과를 가져온다. 앞서 이야기한 공스타그램의 화려한 공부기록물들 또한 자신의 시간을 얼마나 잘 관리하고 있는가를 보여주는 것이다. 학부모 입장에서는 그런 것들을 색칠하고 공부기록을 적고 영상을 찍어서 올리는 시간에 차라리 공부를 하는 것이 낫지 않나 싶기도 할 것이다. 하지만 그 학생들에게는 공스타그램은 노동이 아닌 하나의 놀이이고 공부의 즐거움을 담은 기록물인 셈이다.

기록습관의 나비효과

자신의 계획과 하루의 일과를 다른 이들에게 알리고 보여주는 것이 어떤 의미가 있을까? 이것이 단지 자기 자랑이나 자기 과시라고 생각해서는 곤란하다. 그러한 기록은 결국 매일 매일의 고정화된 습관이 된다. 그리고 다른 학생들과 이를 공유하면서 작은 즐거움을 얻게 되고, 그들 또한 도움을 받게 된다. 그래서 그러한 영상이 인기를 얻게 된다. 즉 이것은 즐거이 공부를 지속할 수 있게 만드는 하나의 시스템이다. 이런 시스템으로 공부를 하는 학생들에게는 그러한 인기와 관심은 상당한 보상이 될 수 있다. 여기서 알아야 할 것이 있다. 그 학생들은 공부는 하지 않으면서 공부하는 척 하는 것이 아니라는 점이다. 이들은 자신이 해야 할 일의 우선순위를 잘 알고 있다. 그것은 공부다. 적어도 누군가에게 등 떠밀려 무언가를 억지로 하게 되는 학생들은 아닌 것이다.

자신감은 이런 과정을 거치면서 형성되고 상승된다. 이러한 훈련이 반복되면서 자기조절 능력이 강해진다. 성취감을 느끼기 때문이다. 이러한 습관은 자신만의 시행착오를 통해 새로운 방식으로 진화된다. 공부의 목표를 설정하고 이를 하나씩 이루어 나간다. 이러한 성취 경험은 스스로를 성장시키는 강력한 무기가 될 수 있다.

공부의 기록, 미래를 바꾸는 힘

대학에서는 어떤 학생을 찾고 있을까? 자기주도적인 학습을 하는 학생이다. 자기주도학습이라는 용어가 등장한 지는 그리 오래되지는 않았다. 자기주도학습을 통해 초중고 시절부터 스스로 공부하는 법을 터득하면 대학에 가서도 제대로 된 공부를 할 수 있게 된다. 이제는 모든 대학들이 자기주도적인 학습을 하는 인재를 원한다. 성적도 중요하지만 스스로 학습을 하는 능력, 즉 학습력이 가장 중요하기 때문이다. 자기주도학습을 하는 학생의 공통분모는 공부를 위한 계획을 세우고, 그 결과를 기록하는 습관이다. 이는 다양한 분야에서 성공적인 공부나 성취를 이룬 자들의 공통적인 고백이다.

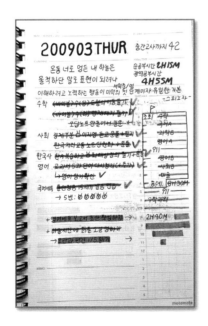
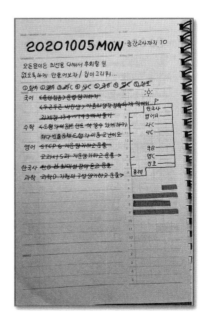

당신은 자신의 미래를 바꾸고 싶은가? 그렇다면 계획을 세우고 실행하라. 계획을 거창하게 세우고 처음부터 완벽하게 하고 싶은 욕심 때문에 플래너 작성을 시작했지만 공부기록을 지속하지 못하는 경우가 흔하다. 빈틈없는 계획을 세우는데 하루를 다 보내고 그 실천은 내일부터 하겠다고 생각한 적이 많을 것이다. 그렇다. 일단 계획을 세우라. 그리고 실천하라. 계획과 실천을 지금 당장 연습하라. 이 습관은 한 개인의 미래를 변화시킬 놀라운 비결이자 파워가 될 것이다.

해내고 있다는 성취감을 얻을 수 있는 성공마중물

마중물이란 펌프질을 할 때 물을 끌어올리기 위해 붓는 적은 양의 물이다. 깊은 샘에서 펌프를 이용해 물을 퍼 올릴 때 한 바가지의 마중물이 필요하다. 이 마중물로 인해 지하에 가득 담겨 있는 물이 지상으로 올려진다. 공부의 기록은 이러한 마중물과 같다. 자신의 시간을 어떻게 쓸 지를 계획하고 실행하는 작은 훈련을 지속하다보면 자신의 잠재력이 분출된다. 생활 방식이 달라지고 성적이 향상된다. 자신이 세운 공부 계획의 세부목표를 수행했다는 '브이 체크'(v check) 표시가 많아질수록 스스로 잘 해내고 있다는 작은 성취감이 쌓여갈 것이다. 성적을 올리고 싶다면, 공부를 잘 하고 싶다면, 미래를 바꾸고 싶다면 성공마중물을 부어보라.

도구보다 중요한 것은 실행이다

공부기록의 요체는 시간을 기록하는 것이다. 시간을 기록하기 위해 어떤 플래너가 좋은지, 인기 있는 앱이 무엇인지 검색하고 찾게 될 것이다. 아날로그 방식의 종이 기록장부터 스마트폰과 아이패드 등 전자기기에서의 앱과 각종 도구를 활용하는 방법 등 그 선택지는 다양할 수 있다. 너무 완벽한 프로그램을 찾으려 하지 말라. 자신이 좋아하고 오랫동안 지속할 수 있는 방법을 찾으면 된다. 디지털 방식이든 아날로그 방식이든 그 어떤 것이든 당장 시작하기를 권한다. 스포츠 브랜드인 나이키 광고에서 늘 나오는 카피문구이다. Just do it!

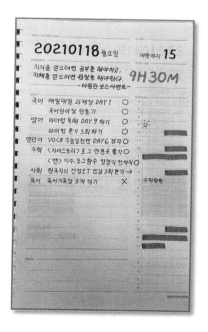
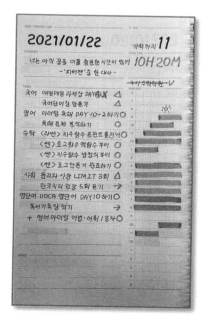

메타인지전략

이수미

메타인지, 학습 능력을 도약시키는 열쇠

"전교 1등과 공부 못하는 아이의 차이는 메타인지에 있다. 전교 1
등은 지우개를 이용해서 공부하고, 수업을 들으면서 필기했던 내
용을 지우개로 지우고, 자신의 말로 바꾸어 적는 방법을 사용하였
다."_KBS 〈전교 1등은 알고 있는 공부에 대한 공부〉 중에서

메타인지란 학습자의 인지적 활동에 대한 지식과 조절을 말한
다. 즉 학습자가 자신의 학습과정을 조절할 줄 아는 지능과 관련된
인식을 말한다. 메타인지는 내가 무엇을 아는지 그리고 무엇을 모
르는지를 자각하고, 자신의 문제점을 인식하여 모르는 부분을 보완
하기 위해 계획하고 평가하는 것까지의 일련의 과정을 포함한다.

공부의 성공에 관여하는 능력은 IQ가 아닌 메타인지 영역이다. 다행스러운 것은 메타인지는 선천적인 것이 아니라 후천적인 것이라는 것이다. 그러므로 학습자가 조금만 주의를 기울여 노력하면 얼마든지 터득할 수 있고, 그 능력이 놀랍게 개발될 수 있다.

메타인지에는 전략이 필요하다

메타인지는 저절로 이루어지지 않는다. 효과적인 전략이 필요하다. 이를 메타인지전략이라고 한다. 그렇다면 메타인지전략은 무엇일까? 메타인지전략이란 학습자가 학습과정을 계획하고, 그 계획을 효과적으로 실행하기 위해 학습의 진행과정을 모니터링하고, 평가하고, 수정하는 체계적인 방법을 활용하는 전략이다.

메타인지전략을 사용하면 메타인지 능력이 놀랍게 배양된다. 메타인지 능력이 개발되면 자신이 알고 있는 것과 알아야 할 것을 파악하고 구분해 낸다. 그러므로 자신의 메타인지 능력을 키우는 전략을 세우고 다음의 방법들을 실천해 보라. 학습 효과가 놀랍게 상승하게 될 것이다.

셀프테스트

셀프테스트(Self-Test)는 메타인지의 가장 효율적이 기법이다. 셀프테스트란 자기가 다른 사람에게 직접 설명하는 것처럼 스스로 테스트하는 방법이다. 공부를 하다보면 자신이 모든 것을 이해했다고 생각했는데 정작 놓치는 부분이 나온다. 이는 대부분의 학생들이 배운 내용을 눈으로만 훑어보면서 읽는 방식으로 재학습을 하기 때문이다. 그리고 공부를 밤늦게까지 하면서 책을 붙잡고 있지만 정작 성적이 좋지 않은 경우도 이에 해당된다.

셀프테스트를 하면서 자신이 공부한 내용을 또박또박 누군가에게 (혹은 스스로에게) 설명하는 방식으로 체크하면 자신이 정확하게 인식하고 있는 것과 모르는 것들이 발견된다.

말하기

메타인지에 가장 좋은 방법은 말하기이다. 배운 것을 말로 표현해보면 내가 무엇을 알고, 무엇을 모르는지 명확히 파악할 수 있다. 교과서나 어떤 책을 학습한 직후, 자신이 이해한 것을 자신의 말로 간단하게 요약해보는 방법은 매우 효과적이다. 문장을 그대로 암기하려고 애쓰지 말고, 자기 자신이 이해한 것을 자기 식으로 표현하는 것이다. 그리고 이를 교실 즉 학습 현장에서 발표자료 등으로 활용할 수 있다.

점수 예측해보기

메타인지가 높은 학생의 특성은 시험을 보고 난 이후 자신의 점수를 예측할 수 있다. 그리고 틀린 문제에 대해 자신이 '실수했다'고 말하기보다 '몰랐다'라고 반응한다. 또한 모르는 부분을 완벽히 알 때까지 반복하여 공부한다.

선생님 놀이

메타인지를 높이는 방법은 설명하는 습관을 갖는 것이다. 예를 들면, '선생님 놀이'가 도움이 될 수 있다. 자신이 선생님 역할을 하면서 다른 학생들에게 그것을 설명해 보는 것이다. 물론 가상의 연극적 놀이지만 학습 효과가 매우 높다. 자신이 정확하게 알지 못하면 남에게 설명을 하거나 가르칠 수 없기 때문이다.

시험을 치르면 오답이 나오기 마련이다. 그럴 경우, 시험점수의 결과에 연연하거나 스스로를 나무라지 말고 '왜 틀렸을까?'를 질문하여야 한다. 그 이유를 찾으면서 다른 방식으로 문제를 풀어보기도 하고 오답을 정리한다. 이 역시 선생님의 마음으로 자신에게 바른 문제풀이를 가르치는 방식으로 해본다. 메타인지 능력이 크게 향상될 것이다.

누적복습하기

복습은 메타인지의 핵심 전략의 하나이다. 지나친 선행학습보다 반복적인 복습의 누적이 보다 효과적이다. 복습을 할 때는 자신에게 어떤 부분이 필요한지를 파악한 뒤, 차근차근 복습하는 것이 좋다. 학습순서는 예습 - 본학습 - 복습 - 누적복습의 순서로 한다. 이때 눈으로만 공부하는 것이 아니라 그 핵심을 요약하는 습관을 갖는다.

영국의 런던대학교에서 하나의 행동이 익숙해질 때까지 걸리는 시간을 조사했다. 거부감이 사라지는데 21일이 걸리고, 습관이 되기까지는 66일이 걸렸다고 한다. 누적복습이 습관이 되지 않을 경우 반복적인 복습에 불편함을 느끼므로 메타인지전략이 습관이 되기까지는 부모나 선생님의 도움이 필요하다. 적절한 칭찬과 응원, 다정하고 섬세한 확인으로 습관화 과정을 격려해야 한다.

진로와 연결하는
수행평가 완성하기

최현경

학생부의 중요성을 따로 설명할 필요가 없을 것이다. 학생부와 관련하여 다음과 같은 질문들을 반복적으로 듣게 된다.

"어떤 학생부가 좋은 학생부에요?"

"수행평가는 어떻게 해야 학생부에 잘 적을 수 있어요?"

"진로를 아직 정하지 못했는데 어떻게 해요?"

질문은 끝이 없지만 거의 대부분 같은 질문 내용을 반복적으로 듣고 대답한다.

키워드를 연결하여 기록하라

좋은 학생부는 학생의 학교 활동이 잘 적혀있는 것이다. 따라서 자신의 활동을 기록하는 것을 잊지 말아야 한다. 활동과 과제를 빠짐 없이 순서대로 언급하는 나열식 기록보다 더 중요한 것이 있다. 그 활동과 과제들을 확인하며 자신의 성장을 보일 수 있는 키워드가 연결되게 하는 것이다.

수행평가 주제에 맞는 '동기'에 대해서 그 근거를 스스로 생각해 보아야 한다. 단지 과제를 받아서 그대로 하는 것이 아니다. 평소 일상생활이나 학교 수업에서 호기심이나 관심을 유발하는 진로에 대한 정보를 근거로 하여 이를 확장하면서 찾아내면 된다. 기록 할 때 1) 동기와 과정, 2) 과정 안에서 배운 점과 호기심, 3) '관심'으로 성장하여가는 모습을 간단하게 적으며 연습하라.

진로를 정하지 못한 것에 대해서 지나치게 걱정하지 않아도 된다. 중학교 자유학기제를 지내면서 자신의 진로에 대해 고민하는 경험은 필요한 시간이다. 이 시기에 부모가 도움을 주는 역할을 할 수 있다. 부모는 현대사회의 변화의 흐름을 주시하면서 미래사회에 대한 정보를 알고자 노력하고, 적절한 정보를 자녀에게 제공할 수 있다.

고등학교 진학 후에 언제든지 진로는 변경될 수 있다. 즉 진로 변경을 하는 일을 두려워하지 않아도 된다. 특히 고1 진로 탐색 시기를 잘 이용할 수 있어야 한다. 이 시기에는 대학 계열을 이해하고, 여러 학과 정보들을 살펴보면서 전공과목과 진로 과목을 연결할 수 있다. 진로가 바뀌는 것은 자연스러운 일이다. 진로를 바꾸는 동기는 그 학생이 성장하는 과정이 되기도 한다.

진로와 연결하는 방법

각 과목에서 진로와 연결하는 수행평가는 학생들에게 익숙한 과제이다. 하지만 대부분 자신의 진로를 선택하거나 이를 끄집어내어 표현하라고 하면 우왕좌왕한다. 이런 경우 부모가 간단한 사례를 들어 설명해 주면 자녀에게 큰 도움이 된다. 두 눈을 반짝이면서 경청하고, 보다 쉽고 멋지게 과제를 마무리할 수 있을 것이라고 확신한다.

'언어예절과 화법의 다양성'이라는 단원이 있다. 학생이 희망하는 진로가 의료분야라고 가정하고 진로와 연결하여 기록하는 방법의 예를 들어보자. 먼저 진로와 관련된 '키워드'를 준비한다. '언어예절과 화법의 다양성' 단원이 다루는 주제는 '듣기와 말하기 방법의 다양화를 알고 상대방을 존중하는 자세의 중요함을 아는 것'이다. 수행평가 안에 〈동기 - 과정 또는 나의 역할 - 어려움과 해결하는 노력 - 배운 점, 알게 된 점 - 더 알고 싶은 것〉을 기록한다. 〈배운 점, 알게 된 점〉 이 부분에서 진로와 연결하고자 하는 노력을 표현하라. 가령, '이 단원을 통해 의사와 환자 간의 소통의 경험에서 환자와의 의사소통이 치료에 끼치는 영향에 대해 생각해 보게 되었다'고 언급할 수 있다. 그리고 좋은 의사가 되기 위해 좀 더 알아보아야 할 주제나 관련된 자료 등을 찾아보는 계기로 삼는다. 의사의 진료 상담이나 환자와의 소통 방식에 대해 많은 정보를 얻게 될 것이다.

자유학기제, 어떻게 준비할까

자유학년제를 맞이하는 중학교 1학년 학생은 '진로'라는 낯선 단어와 처음 마주치게 된다. 진로라는 말을 접하면 학생들은 대개 너무 막막하게만 느낀다. 무엇보다도 진로가 곧 직업이라는 착각은 하지 말아야 한다. 지금 우리가 알고 있는 수많은 직업들은 앞으로 학생들이 살아갈 미래에 사라질 직업일 확률이 많다. 진로는 직업과 밀접하지만 특정 영역의 직업군에 가깝다.

예를 들어, 출판사를 시작으로 진로탐색을 출발해 보자. 이런 질문과 궁금점을 가질 수 있다. '출판사는 무엇을 하는 회사일까? 출판사에서 일하는 사람들은 어떤 직업을 가지고 있을까? 출판사 편집자나 기획자가 되려면 어떤 전공을 공부해야 할까? 이와 관련된 전공이나 관련 학과들은 어떤 것들이 있을까? 그 학과가 있는 대학들은 어디일까? 그리고 그 대학의 홈페이지에 들어가 보기도 하고, 관련 학과들의 전공과목들을 알아보고, 졸업생들의 진로에 대해서 알아볼 수 있다. 자신이 가고 싶은 대학을 선택하고 현재 자신의 성적과 그 학교의 지리적 위치를 비교하여 진로의 방향을 설정하여 공부의 동기부여와 진학의 목표를 설정해 본다. 진로와 연결된 경험은 실로 다양하다. 굳이 직업체험만이 아니라 자신이 알고 있는 사람들의 직업, 특정한 직업군의 사람이나 전문가와의 대화, 텔레비전 인터뷰나 정보 등등 실로 다양한 방법으로 경험을 만들어 진로탐색을 연습할 수 있다.

그 과정을 통해 자신이 알게 된 진로들 가운데 1) 자기 자신의 꿈과 관심의 정도, 2) 자신의 학업 능력이나 성취도, 3) 자신이 좋아하는 것, 4) 미래 가능성 등을 살피면서 진로선택을 할 수 있다. 자신이 선택한 진로를 학교에서 발표나 수업과 연계하여 생각하고 표현하면 훨씬 수월하게 할 수 있다.

부모, 비난하기보다 동참하라

부모가 하여야 할 역할이 있다. 그것은 참여자로서 격려하는 일이다. 자녀들은 진로에 대해 말하는 것을 불편해 한다. 자신의 생각이 노출되는 것이 싫기도 하고, 때로는 진로를 말하는 것이 두려울 수도 있다. 진로를 말하는 순간 공부에 대한 압박이 커질 수도 있다. 그래서 '귀찮다'고 말한다. 부모는 핑계를 대며 회피하는 자녀를 비난하면서 '네가 알아서 해!'라고 말하여서는 곤란하다. 자녀를 돕기 위해 참여할 수 있는 기회를 막아버리기 때문이다. 부모는 그 과정에 동참하여 자녀가 스스로 시도해 볼 수 있도록 대화하고 격려해야 한다. 이

도전의 과정을 통해 자녀가 특정 영역의 진로에 대해 약간의 관심을 가지게 되거나 작은 성취감을 맛볼 기회를 만들어주는 것이 중요하다. 그 이후부터는 자녀가 스스로 만들어 가는 과정이 될 것이다.

이루 셀 수 없이 많은 각양각색 직업 정보나 다 파악할 수 없는 진로 유형들에 대해 일일이 고민을 할 필요는 없다. 수행평가 과정을 통해 학생이 직접 맞닥뜨리면서 알아서 찾아가는 과정을 경험하는 것만으로도 충분하다. 그 과정에서 자연스럽게 진로와 연계하게 되는 것이다.

진로와 진학은 따로 떼어놓고 설명할 수 없다. 학습을 기반으로 하지 않는다면 진로에 맞는 진학은 어렵다. 반대로 진로를 선택하게 되면 놀라운 동기부여가 된다. 진로와 진학이 불가분리의 관계라는 것을 스스로 납득하게 되면 그때부터 자기주도적으로 목표를 향한 학습을 시작하게 된다. 자연스럽게 시간관리, 진도관리, 학습관리가 순차적으로 이어지고 학생 자신과 부모가 함께 만족하게 될 것이다.

생각한 것을 표현하라

수행평가에서 진로와 연계하는 방법은 특별하지 않다. 특히 중학교부터 고등학교 1학년까지의 전과정이 진로 탐색이라고 생각해도 좋다. 나와 직접 관련이 없더라도 어떤 분야에서든 진로를 찾아내는 탐색이 필요하다. 그러한 연습을 통해 자신에게 적합하고 관심이 있는 진로를 찾아낼 수 있기 때문이다.

하루를 지내는 평범한 일상에서 마주치게 되는 어떤 정보나 만남이 작은 동기가 된다. 그 작은 동기를 출발점으로 사고(thinking)를 확장시키는 연습을 반복하라. 다양한 분야에서 찾아내는 수많은 진로를 접하면서 자신의 진로를 바꾸기도 하다가 마침내 선택할 수 있게 된다. 진로가 바뀌는 것에 대해 두려워하지 말라. 이를 당연하다고 생각해야 한다. 그리고 진로를 바꾸는 그 순간이야말로 스스로 성장하는 과정이므로 자신을 격려하고 응원하기를 바란다. 수행평가를 과제라고만 생각하면 힘들고 귀찮은 고역이 된다. 그런 생각을 버리자. 자신의 진로를 탐색하는 시간을 충분히 즐길 수 있어야 한다. 비법이 있다. 망설이지 말고 자신이 생각한 것을 표현하라. 현재 자신이 생각하는 진로에 대해 말하는 것을 주춤거리거나 두려워하지 말라.

탐색하라 그리고 마음껏 표현하라

진로에 대한 이해를 제대로 하여야 한다. 수행평가에서 말하는 진로는 '탐색'이다. 즉 확정된 진로가 아니라는 것이다. 수행평가에서는 진로를 탐색하는 과정과 태도를 중요시한다. 즉 보기 좋게 꾸미는 것이 아니라 '내가 알고 싶은 것'을 마음껏 표현하라는 것이다. 따라서 부담감을 가질 필요가 없다. 정반대로 나태한 마음가짐을 가져서도 곤란하다. 오히려 활동을 즐기는 자세가 필요하다. 이 점이 가장 중요하다. 마음껏 탐색하고 표현하는 과정에서 처음에는 막연하고 넓게만 보이던 것에서 점점 좁혀지고 깊이를 형성하게 되어 간다. 처음에는 불명확하고 막연하다. 하지만 차근차근 탐색의 여행을 하면 길이 보인다. 그 과정은 나를 찾아가는 로드맵이다. 이 로드맵을 점차 선명하게 하고 이를 따라가면 진로와 연결되는 공부의 목표와 길이 분명히 보이게 된다. 진로와 연결된 수행평가는 학습의 방향과 진학 목표를 안내하는 지도이다. 이를 기초로 학습을 하고 미래를 준비하면 진학에 성공하게 된다. 당당히 자신의 삶을 펼쳐낼 수 있다.

독서만 제대로 하면
공부가 달라진다

황산

학습을 위한 독서냐, 즐김을 위한 독서냐

책 읽기가 중요하다는 것은 모두가 알고 있다. 그래서 많은 책을 읽는다. 책을 많이 읽으면 공부를 잘하게 되리라고 믿는 것이다. 하지만 많은 책을 읽는다고 저절로 공부를 잘하게 되거나 성적이 오르는 것이 아니다. 독서의 방법이 잘못되면 아무리 많은 책을 읽어도 학습의 능력이 상승되지 않는다. 교과서와 참고서를 붙잡고 오래 씨름을 하고서도 남는 것이 없다.

독서에는 두 가지 종류가 있다. 학습을 위한 독서와 즐김을 목적으로 하는 독서이다. 학습독서는 책 읽기를 통해 학습력을 높이는 독서법이다. 즐김을 목적으로 하는 독서는 책을 읽고 즐기는 소비적 독서이다. 학습독서는 생산적이다. 독서를 통해 지혜가 자라고, 새로운 것을 배우고, 삶이 변화된다. 학생의 경우 성적도 오르고 공부에 재미를 붙이게 된다. 특히 학습독서를 하면 국어 뿐만 아니라 다른 모든 과목을 이해하는 기초 체력이 튼튼해진다.

물론 즐김을 목적으로 하는 가벼운 독서 역시 우리의 삶에 필요하다. 어떤 책이든 읽고 접하면 무언가 새로운 정보를 얻게 되므로 최소한의 학습 효과도 있다. 그러나 공부하는 학생들은 학습독서의 방법을 알아야 한다. 이것만 제대로 터득해도 책이 두렵지 않다. 공부가 힘들지 않다. 그리고 공부의 내공과 실력이 저절로 상승한다. 학습독서는 어떻게 하는 것일까?

학습독서는 중등 및 고등학교 학생에게 필요하다

미취학 아동이나 초등학생의 경우 흥미에 따라 책을 읽는 것이 가장 좋다. 책 읽는 습관을 들이는 것이 중요하기 때문이다. 그래서 그림책이나 동화, 아동 문학 작품이나 과학 도서, 심지어 양질의 만화 책이라고 할지라도 책 읽는 것을 즐기고 독서 습관을 들이는 것이 중요하다. 한글을 익히고 이에 익숙해지는 단계이므로 책과 친숙해지는 것이 중요하다. 좋은 아동문학 작품이나 양서를 많이 접하면 인지능력이나 인격 함양에 도움이 된다. 다양한 책을 읽으면 어휘력이 자라나고 많은 정보를 얻게 된다. 끊임없이 호기심이 자극되고 세상을 보는 눈이 열린다. 책 읽기를 좋아하거나 총명한 어린이는 스스로 학습독서를 터득하기도 한다. 하지만 초등학교 단계까지는 자신의 흥미나 관심에 따라 다양한 책들을 읽는 것으로 충분하다. 자신이 특별히 좋아하는 영역이나 주제의 책을 읽는 자체가 초등학생 발달단계에 맞는 학습방법이라고 할 수 있다.

늦어도 고등학교 1학년 전후 무렵부터는 학습독서로 전환하여야 한다. 그리고 교과서이든 문학책이든 참고서이든 자신에게 적합한 계획을 세우고 전략적인 독서를 하여야 한다. 언제까지 자신의 관심과 흥미에 따라 책 읽기를 할 수 없는 일이다. 게다가 점점 학교 공부의 분량이 많아지고 읽어야 할 책들이 늘어난다. 이것이 독서 계획을 세울 이유이다. 계획이 없이 독서를 하면 무질서한 읽기를 하게 되고 점점 책으로부터 멀어진다. 고등학교 1학년, 학습독서를 시작하는 마지막 데드 라인이다. 그 이전부터 시작하면 좋지만, 고교 1년부터는 꼭 시작하여야 한다. 늦지 않다. 가장 적절한 출발 지점이라고 할 수 있다.

중학교 2학년부터 학습독서를 시작할 것을 권한다. 중학교 1학년을 마무리한 겨울방학부터 학습독서를 시작하는 것이 좋을 것이다. 초등학교 4-6년 무렵의 학생도 학습독서를 시작할 수 있다. 이 때쯤 학업 능력이 형성되기 때문이다. 아동의 발달단계에 따르면 초등학교 4학년은 초급 독서를 시작할 수 있는 나이다. 하지만 타의에 의해 부모나 학원에 의해 '학습독서'를 지나치게 요구하면 의무적인 읽기가 되어 오히려 책을 멀리하거나 공부에 흥미를 잃을 수도 있다. 더구나 난이도가 높아서 아동이 전혀 이해할 수 없는 책이나, 널리 알려진 성인용 고전이나 명작을 강요하는 것은 바람직하지 않다. 그러므로 독서 지도를 하는 이들은 학생 개개인의 상황, 즉 공부와 책에 대한 흥미나 읽기 역량을 고려하여 책 선택(큐레이션, curation)을 하고 즐겨 읽도록 그 과정을 섬세하게 도와야 한다. 스스로 선택한 책만이 제대로 읽힌다. 책을 추천할 수 있으나 학생 스스로 결정하게 하고 선택하는 것이 가장 바람직하다.

학습독서의 핵심은 '이해'와 '기억'이다

학습독서는 독서를 통하여 학습이 되고, 학습력을 높이는 독서를 말한다. 즉 학습독서란 글을 읽고 글과 문장 속에 담긴 정보와 개념과 의미를 이해하고 이를 기억하는 독서이다. 그러므로 책이나 글의 종류, 글의 내용과 무관하게 독서의 목적이 '학습'을 위한 것이다.

학습독서를 잘 해야 하는 대표적인 책은 교과서이다. 모든 과목의 교과서 공부에는 반드시 학습독서력이 필요하다. 교과서를 읽고서 그 내용을 이해하고 자신의 기억 속에 저장하는 능력을 갖추어야 하기 때문이다. 문학이나 고전, 장르 소설, 영화와 다큐 프로그램 등의 영상, 구글링이나 검색으로 읽는 인터넷 정보들 역시 학습독서의 대상이 될 수 있다.

학습독서를 하는 학생에게는 특징이 있다

학습독서를 터득한 학생과 학습독서를 모르는 학생은 똑같은 책을 읽어도 전혀 다른 성과를 나타낸다. 학습독서를 하면 책을 읽고 난 후 어떤 열매가 있을까? 학습독서를 꾸준히 하는 학생은 어떤 특징이 있을까?

1) 읽은 책의 내용을 막힘이 없이 이해한다.
2) 모르는 문장이나 어휘의 개념을 파악하고 새롭게 익힌다.
3) 읽은 글의 주제를 발견한다.
4) 저자가 하고자 하는 말을 이해하고, 그 의도나 메시지를 간파한다.
5) 글 속의 중요한 어휘나 키워드를 발견해 낸다.
6) 읽은 책이나 글에 대해서 친구나 다른 사람에게 구체적으로 설명해 주는 능력이 생긴다.
7) 읽은 책의 내용과 핵심 단어를 오래 기억한다.
8) 자신이 읽은 책과 글을 응용하여 자신의 생각을 담은 글을 쓰거

나 시험 문제를 풀 수 있다.

이와 대조적으로 책 읽기를 싫어하거나 흥미에 따라 무작정 책을 읽는 사람들은 책을 읽고나서도 머릿속에 남는 것이 별로 없다. 읽은 내용을 전혀 기억하지 못하는 경우도 있다. 그들의 반응은 매우 단순하다. '재미있다' 또는 '재미 없다'가 반응의 전부이다. 이런 방식으로 100권의 책을 읽는다고 하여도, 하루 종일 교과서나 책을 붙잡고 있다고 할지라도 학습력이 자라지 않는다. 머릿속에 남아 있는 것은 없고 그 책을 읽었다는 기억만 남아 있다.

학습독서는 목적 지향적이다

학습독서는 '학습'이라는 목적을 지향하는 독서이다. 즉 공부를 위한 독서이다. 공부라는 말을 귀에 딱지가 붙도록 들어온 학생들은 오해하지 말기 바란다. 우리들에게는 공부를 목적으로 하지 않는 소비적 독서, 즐기는 독서도 필요하다. 하지만 그것은 취미생활이고 문화를 향유하는 것이다. 책을 붙잡아야 한다면, 공부를 한다면 학습이 되게끔 읽는 것이 지혜이다.

개인마다 학습독서의 목적이 다를 수 있다. 학생들은 좋은 성적을 받는 것, 진학에 성공하는 것, 자신의 관심 분야의 정보를 습득하여

전문성을 쌓는 것, 예체능의 학습력을 높이는 것 등을 목적으로 할 수 있다. 주어진 기간 내에 시험을 치러야 하는 입시생이나 취업준비생의 경우 시험 합격을 목적으로 할 것이다. 사회인에게도 학습독서가 필요하다. 정보 취득이나 기술 습득, 전문성 확보, 직업 재교육의 영역 등에서도 학습독서가 요구된다.

자신의 목적을 분명히 하라. 그리고 그 목적을 달성하기 위해 학습 능력과 학습 효과를 최대화하라.

학습독서에는 높은 집중력이 요구된다

학습독서는 어려운 것이 아니다. 바른 태도와 바른 몸가짐으로 책과 글을 대하는 것이다. 이것이 가장 중요한 토대이다. 집중력이 높을수록, 즉 자신의 뇌와 에너지와 몸을 전적으로 책과 글을 향하게 하는 것이다. 오목 렌즈의 초점을 모아 글에 집중하는 것이고, 망원 렌즈의 초점을 한 대상에게 집중하는 것이다.

학습력이 뛰어난 사람들이나 전문가나 공부 잘하는 학생의 공통점은 똑같다. 어떤 일을 할 때 집중한다는 것이다. 즉 공부 잘하는 학생은 공부를 할 때나 책을 읽을 때 그 행위에 집중한다. 학습독서를 하면 집중력이 달라진다. 심심해서 읽는 책은 읽다가 지겨우면 멈출 수 있고, 책을 던져버릴 수도 있다. 학습독서는 그렇지 않다. 심사숙고

하여 선택한 책을 깊이 파고든다. 그리고 꼭꼭 씹어 삼킨다. 집중력이 약하거나 산만한 사람이 따로 있는 것이 아니다. 책을 읽으면서 책 속으로 들어가지 못한다면 산만한 사람이 되는 것이다. 몰입하여 에너지를 집중한 2시간의 공부가 산만한 시선으로 10시간 공부하는 것보다 훨씬 효율적이다.

　책이나 교과서를 읽는 동안 정신을 집중하라. 집중을 가로막는 방해 요소를 제거하라. 스마트폰이나 영상 등은 단속하거나 거리를 두어야 한다. 생각의 흐름을 방해하거나 집중력을 깨뜨리는 일체의 것을 허용해서는 학습독서가 이루어지지 않는다. 카페라는 분위기나 작은 음악 소리의 리듬이 공부에 도움이 되는 학생은 그걸 이용해도 좋다. 하지만 한 번 책이나 글을 붙잡았다면 속도가 붙을 때까지 집중하는 방법을 스스로 터득해야 한다. 비행기는 땅에서 곧바로 하늘로 날아오르지 않는다. 모든 연료와 에너지를 다하여 활주로에서 일정 기간 달려야 한다. 그리고 그 속도의 최고 지점에서 날아오른다. 이와 같이 독서의 힘이 도약하게 되면 그 다음부터는 저절로 읽혀지고 이해가 된다.

학습을 가로막는 치명적인 습관을 버리라

아무리 책이나 교과서를 붙들고 시간을 보내어도, 글이 이해가 되지 않고 머릿속에 들어오지 않고 시간이 조금 지나면 아무 것도 기억나지 않는 학생이 많다. 그 이유가 있다. 그것은 학습을 가로막는 나쁜 습관을 반복하기 때문이다.

1) 눈으로만 읽기

독서에는 당연히 눈이 동원된다. 그러나 눈만 동원하는 읽기는 집중력을 약화시킨다. 비슷한 크기의 활자와 문장의 흐름이 반복되면서 정신이 멍해질 수도 있다. 눈으로만 읽는 습관을 버리는 것은 학습독서의 출발점이다. 물론 재미있는 소설이나 검색한 뉴스 등은 눈으로만 읽을 수 있다. 하지만 학습을 위한 읽기를 한다면 눈으로만 읽어서 곤란하다. 눈에서 손으로, 손에서 입으로, 입에서 몸 전체로 읽는 법을 연습하라.

2) 1번만 읽기

책이나 글을 1번 읽고서 그 내용을 이해하는 것은 가능하다. 그러나 오래 기억하지는 못한다. 반복하여 읽어야 한다. 이해가 되지 않는 문장이나 글은 반복하여 보다 집중하여 읽고, 이해될 때까지 반복해서 읽고, 다른 자료를 참고해서 파악해야 한다. 학습은 반복으로 이루어진다.

3) 산만한 읽기

읽으면서 다른 행동이나 접촉을 겸하는 습관이다. 스마트폰을 자꾸 만지는 습관, 친구들과의 연락과 톡 대화, 화장실 자주 가기, 냉장고 문 자주 열기 등 집중을 방해하는 습관들은 이루 헤아릴 수 없이 많다. 두 가지를 통제하면 산만함을 제어할 수 있다. 첫째는 시간을 정해 두고 집중하는 것이다. 최소한 1시간 동안은 책에 집중하도록 결심하라. 둘째, 몸을 통제하는 것이다. 허리를 곧추 세우고 바른 자세를 한동안 유지하는 것이다. 어깨나 허리를 약간 리드미컬하게 움직이면서 읽어도 좋다. 그러나 시선과 의식은 책에 집중하라.

4) 휴식할 줄 모르는 과도한 강박

사람의 집중력에는 한계가 있다. 15분의 시간이 최고의 집중력을 발휘하는 한계이다. 학생들은 40-50분 집중하면 약간의 휴식을 취해야 한다. 대학원생이나 성인의 경우 90분 ~ 120분의 집중도 가능하다. 사람마다 개인의 편차가 있다. 하지만 누구든 자신의 집중력의 한계에 부딪히면 잠시 휴식을 취해야 한다. 잠시 자리에서 일어나 산책을 하거나, 스트레칭을 하거나, 친구들과 대화를 하거나, 화장실을 갔다 올 수 있다. 그리고 잠을 충분히 자야 한다. 매주 하루나 반나절 이상의 충분한 휴식이 필요하다. 그런 날에는 취미활동이나 친구를 만나 즐거운 시간을 가지는 것을 스스로에게 허용하는 것이 지혜롭다.

굳이 공부를 하려면 가벼운 복습이나 노트 및 자료 정리 등으로 평소와 다른 분위기나 흐름으로 학습하는 것이 좋다. 휴식할 줄 모르는 과도한 강박은 오히려 집중력과 학습을 방해한다. 그것은 자신의 열정이나 집중력의 증거가 아니라 자신의 불안감을 위로하고 속이는 행위일런지도 모른다. 간헐적으로 혹은 주기적으로 짧은 휴식을 취하는 뇌가 학습력이 훨씬 높다.

학습독서에는 효과적인 방법들이 있다

아래의 방법들은 학습 효과를 크게 높이는 기술들이다. 이들 방법론은 교육공학, 인지심리학, 뇌과학 등의 현대적 연구결과에 기초하고 있고 교육현장의 전문가들과 공부 잘하는 학생들 및 공신으로 일컫는 사람들의 경험으로 밝혀진 것들이다. 사실은 그리 신비한 방법론이나 비밀도 아니다. 인류 역사 속에서 남다르게 공부하고 정진한 모든 사람들은 대개 이러한 방법들을 스스로 터득하고 실행하여 왔다. 실행하고 실험해 보라. 스스로 놀랄 것이다. 나만의 비법이 될 수도 있다. 누구든 실행하고 터득하기만 하면 학습 효과가 배가될 뿐 아니라 폭발적으로 성장한다. 나에게 적합한 방법들을 선택하고, 그것들이 나의 비법이 되도록 시도하고 연습하여 나의 공부 엔진에 장착하라.

1) 강력한 학습 효과가 생기는 읽기 방법

• 줄을 그으면서 읽기 : 줄 긋기는 글에 집중하게 만든다. 그리고 복습을 할 때 도움이 된다.

• 소리 내어서 읽기 : 구술 읽기는 고대로부터 전승되어오는 가장 효과적인 읽기법이다. 눈과 입과 귀가 동원되기 때문이다. 또박또박 소리 내어 읽고, 리듬을 담아서 읽는다. 정독의 최고의 방법이다. 독서실이나 교실에서는 다른 학생에게 방해가 되므로, 자신의 공부방에서 할 수 있다.

• 중요문장 필사하기 : 중요한 문장이나 짧은 글을 그대로 받아 적는 것이다. 그 옮겨 적는 과정에서 깊은 읽기를 하게 된다. 글/문장의 내용과 의미를 정확하게 이해하게 된다. 눈으로 읽는 것은 비행기를 타고 풍경을 보는 것이라면, 필사는 천천히 걸어가면서 풍경을 세밀하게 관찰하고 즐기는 것이라고 비유할 수 있다.

• 글이나 문장 통암기 하기 : 암기는 반복적인 낭송을 통하여 가능하다. 통암기는 영어 읽기와 쓰기 능력을 기르고, 회화나 스피킹 능력을 배양하는 데 최고의 방법이다.

2) 통합적 읽기

많은 학생들이 나무를 보고도 숲은 보지 못한다. 문장을 읽으면서 문장들이 모여 이룬 글 전체를 보지 못하는 것이다. 통합적 읽기는 나무와 숲을 동시에 보는 읽기 방법이라고 비유할 수 있다.

통합적 읽기는 글의 짜임새와 흐름을 파악하면서, 동시에 각 나무들을 살피는 것이다. 특히 중심 문장을 발견하는 감각이 중요하다. 중심 문장은 숲 속의 나무들 가운데 우뚝 솟은 중심 나무(main tree)이다. 그 이외의 다른 문장들은 보조적인 문장이다. 대개 중심 문장의 근거를 밝히거나 이유를 설명하거나 보충적인 정보들을 나열하고 있다. 중심 문장이 기둥이자 뼈대이고, 나머지 문장들은 이를 뒷받침하는 해설이거나 보조 정보들인 것이다.

일정 분량의 교과서 본문, 에세이나 칼럼, 뉴스 기사, 시험 문제지의 지문 등은 대개 논리적인 구조로 되어 있다. 주장을 말하고 그 근거를 밝히는 방식이다. 따라서 핵심 주제를 드러내는 주요 문장을 발견하고 중심 주제를 파악하는 것이 먼저다. 전체를 보는 눈을 기르는 것, 읽기의 핵심이다.

3) 키워드 독서

글의 주제를 파악하고 내용을 분석하고 일목요연하게 이해하기 위해서는 글 속의 키워드들을 발견해야 한다. 키워드를 발견하면서 글을 분석하며 읽는 작업이다. 키워드를 표시하고, 번호를 붙이거나 따로 노트한다. 통합적 읽기와 키워드 독서를 결합하여 그 내용을 '마인드 맵' 기술을 사용하여 노트에 정리하면 좋다.

4) 다른 사람에게 설명하기

자신이 읽은 내용을 다른 사람에게 설명하거나 가르치는 경험을 하는 것이다. 일종의 선생님 역할극이다. 사람은 자신이 제대로 이해하면 남에게 잘 설명할 수 있다. 다른 친구나 지인과 함께 작업을 하면 좋다. 가령 3~5분의 정해진 시간에 그 주제에 대해서 집약적으로 설명하는 것이다. 노트나 책을 보면서 할 수도 있다. 아무 자료도 참고하지 않고 설명을 할 수 있다면 완전히 학습하게 된 것이다. 혼자서도 이 작업을 할 수 있다. 녹음을 하거나, 영상으로 만드는 것이다. 그리고 그 녹취나 영상을 다시 보면서 복습할 수 있다. 이 방법은 메타인지 능력을 크게 길러 학습의 효과를 극대화한다. 특히 자신이 잘 알고 있는 것과 모르는 것을 발견하게 한다.

5) 독서기록 및 글쓰기

자신이 읽은 것을 글로 쓰면 그 읽기가 완성된다. 독서기록(Book Review)을 하는 목적이 바로 그것이다. 단지 독서기록 과제를 하는 작업 이상의 효과가 있다. 자신의 소감과 생각을 솔직하게 담아 자신의 글을 써야 한다. 책의 개요를 간단히 정리한다. 중심 주제를 드러내어 짧은 문장으로 요약한다. 그리고 이 글에 대한 자신의 주장과 생각을 언급한다. 독서와 글쓰기를 연결하는 습관을 들이면 학습 능력이나 글쓰기 역량이 자라난다.

6) 함께 토론하기

토론은 함께 어떤 글이나 주제를 중심으로 함께 대화하며 토론하는 것이다. 독서 토론은 책이나 글을 읽고 서로의 생각을 나누는 방식으로 진행된다. 글 혹은 특정 주제에 대한 사전 학습을 통한 정보와 이해가 없이는 토론이 불가능하다. 그런 면에서 토론은 학습력을 높이는 방법이다.

주제 토론은 특정 주제를 두고서 공감/비공감, 찬성/반대의 의견을 서로 이야기하면서 소통하는 것이다. 디베이트(debate) 토론은 논리적 힘을 기르는 효과가 있다. 그러나 승부를 가르는 방식의 디베이트 토론은 부작용이 많다. 토론에서 가장 중요한 것은 자신의 생각을 정리하여 명료하게 주장하는 일, 다른 사람의 의견을 듣고 경청하는 태도, 자신의 말에 근거를 분명히 하여 설득하는 힘을 기르는 일, 그리고 다른 사람의 의견을 존중하고 생각의 차이를 통해 사유의 지평이 넓어지는 것이다. 토론은 생각의 힘과 의사소통 능력을 기르는 최상의 방법이다.

7) 발표 또는 프리젠테이션

최근 세계적으로 주목을 받고 있는 미국의 High Tech High School의 경우, 모든 수업시간과 공부를 토론과 프리젠테이션으로 진행하고 있다고 한다. 발표를 하기 위해 준비하는 과정에서 학습을 하게 된다.

발표를 위해 스스로 정보를 취합하여 내용을 정리하고, 가장 적절한 문장들을 창조해 내고, 사진이나 영상 자료를 준비하고, 발표방법을 궁리한다. 발표를 하는 과정을 통해 내용을 명료하게 인식하게 된다. 그리고 다른 학생들이나 교사의 피드백을 받으면서 자신이 발표한 내용의 장점 및 취약한 부분이나 오류들을 발견하고 이를 보완하게 된다.

8) 훑어보기 – 자세히 읽기 – 리뷰하기(SQ3R 기법)

F. 로빈슨 교수의 SQ3R 학습독서법은 가장 알려진 과학적 학습법이다. 그는 읽기의 단계를 다음의 단계로 나누어 제시한다. 훑어보기(Survey) – 질문하기(Question) – 자세히 읽기(Read) – 되새기기(Recite) – 다시 보기(Review).

• 대충 훑어보기(Survey) : 책이나 글의 전체를 스캐닝(scanning) 하듯이 대충 살펴보는 것이다. 책의 제목, 소제목, 시작 부분, 마무리 문장 등을 눈으로 살핀다. 도표, 그림, 통계 등을 간단히 살펴본다. 무슨 내용이 있는지 살피는 것이 그 핵심이다.

• 질문하기(Question) : 훑어본 이후 글의 중심 주제가 무엇인지 질문을 던지는 일이다. 가령, 글의 제목이 '계층 갈등'을 다루고 있다면, '저자는 계층 갈등의 원인을 무엇이라고 말하고 있을까?'라고 질문을 던질 수 있다. '미투'(Me too)를 다루고 있다면, '저자는 미투 현상의 본

질을 어떻게 설명할까?' 라는 질문을 던져본다. 물론 마음 속으로 던지는 질문이다. 질문을 던지면 읽기의 집중도를 높이고, 그 해답을 얻든 그렇지 않든 그 글을 깊이 읽게 된다.

• 자세히 읽기(Read) : 글을 차분히 읽으며 정독하는 것이다. 중심 문장에는 밑줄도 긋고, 키워드는 별도로 표시하고, 의문이 생기면 자기 방식으로 질문을 기록한다.

• 되새기기(Recite) : 읽은 내용을 정리하는 것이다. 글의 주제나 제목을 중심으로 핵심을 요약하고 정리한다. 저자의 의도나 핵심 메시지를 간단한 문장으로 정리한다.

• 리뷰하기(Review) : 시간 간격이 지난 후 다시 보기를 하는 작업이다. 복습, 다른 사람에게 설명해 보기, 공부한 것을 요약하여 발표하기, 처음 던졌던 질문에 대한 답 찾기, 독서 기록(소감문 또는 Book review), 그 주제로 자신의 글쓰기 등을 하는 작업이 모두 리뷰에 해당된다. 리뷰는 읽은 책과 글을 완전히 습득하여 자신에게로 체화(體化)하는 최적의 방법이다.

9) 이미지네이션(imagination) 기법

이 기법은 매우 높은 수준의 정신 활동이자 기억 학습법이다. 단순히 입으로 암기하는 것이 아니라 시각화하여 기억하는 방법이다. 공부한 모든 것을 한꺼번에 시각화하여 머릿속에 저장하는 방법이다.

일종의 사진 찍기 기술이다. 누구든 20~30분 정도만 집중하면 공부한 모든 내용을 하나의 사진첩 안에 담을 수 있다. 시험을 치를 때 매우 효과적이다. 시험 범위 안의 모든 내용을 전체적으로 기억하고 재생할 수 있다.

• 노트 이미지네이션 : 노트의 2페이지 전체를 사진으로 찍어 통째로 머릿속에 저장하는 방법이다. 그리고 하나의 사각형 이미지 안에 상/중/하로 2페이지를 배치한다. 하나의 이미지 사각형 안에 총 6페이지의 노트가 시각적으로 배치된다. 조금만 연습하면 놀랍게도 그 모든 이미지와 단어를 모두 기억을 해내고 그대로 재생할 수 있다.

• 도표 및 그림 이미지 네이션 : 가상의 사각형 안에 도표나 그림을 배치하여 한꺼번에 기억한다.

• 단어나 수학공식 이미지네이션 : 동일한 방법으로 기록한 노트의 전체 이미지를 머릿속에 저장한다.

미래학자들이나 전문가들은 미래사회의 핵심역량을 4C로 표현한다. 창의력Creativity. 의사소통Communication, 비판적 사고Critical Thinking, 협업Collaboration을 할 줄 아는 융합적 인재가 사회를 선도할 것이라고 입을 모은다. 이러한 능력이 배양되는 기초는 학습독서이다. 그리고 함께 하는 토론과 발표를 통한 소통의 경험이 필요하다. 이제 단순 암기형 공부 시대는 지나갔다. 기초적인 학습 단계에서는 암기도 필요하다. 시험을 치를 때도 일정한 암기 학습이 필요하다. 그러나 학습독서의 힘을 기르면 그 어떠한 책과 글을 만나도 스스로 학습할 수 있게 된다. 학교 공부를 마치고서는 교과서나 책이 아니라, 전문적인 지식이나 콘텐츠(contents)를 스스로 학습하면서 터득해야 한다. 그 비법은 학습독서에 있다.

시험에서 실패하지 않는 사람들의 법칙 : 개념편

구섬광

재수를 시작하면 누구든 다시 한 번 꿈을 꾸기 시작한다. 내가 1년 동안 죽을 각오를 하고 열심히 공부한다면 더 좋은 대학을 갈 수 있고 나의 꿈을 이룰 수 있을 것이라는 희망을 가지게 된다. 재수의 결심을 공개하는 순간, 어느새 실패한 학생이 아니라 실패를 이겨내고 다시 일어서는 의지의 수험생이 되었다는 격려를 받기도 한다. 그런데 여기에 함정이 있다. 그러한 격려와 응원을 받다보면 어느새 고3 시절의 나의 공부 습관이나 진짜 생활은 망각하게 된다. 그리고 가족과 주변의 응원과 격려 속에서 새롭게 형성된 허상에 가득 찬 자아가 나를 지배하기 시작하고, 그 상태에서 다시 꿈을 꾸기 시작한다.

나는 기숙학원에 들어온 학생들에게 매년 다음과 같이 질문한다.

"여러분이 재수를 하는 이유는 여러분의 꿈과 비전 때문인가요? 아니면 여러분 깊숙이 스며든 삶과 학습에 대한 습성 때문인가요?"

나는 다음과 같이 이야기를 이어간다.

"여러분이 재수를 하는 것은 꿈과 비전 때문에 하는 것이 맞긴 하지요. 그러나 스스로 질문해 보세요. '나는 생각하는 대로 살았는가? 사는 대로 생각했는가?'

여러분은 이미 고등학교 시절에 수많은 꿈을 꾸고 그에 따른 수많은 계획을 세웠습니다. 그런데 지금 왜 여기에 와 있나요? 그건 바로 꿈만 꾸고 실천하지 않았던 자신의 습성 때문입니다. 그 습성은 여러분이 생각하는 습성, 말하는 습성, 행동하는 습성입니다. 다시 한 번 스스로를 돌아보세요. 나의 생각하는 습성은 어땠는지? 나의 말하는 습성은 어땠는지? 그리고 나의 행동하는 습성은 어땠는지? 깊이 성찰하면 자연스럽게 알게 될 것이고 인정하게 될 것입니다. 나를 이곳으로 이끈 것은 〈내 안에 깊이 새겨진 나의 실패하는 습성 때문〉이라는 것을."

자신의 삶을 변화시키고 공부의 목표를 이루기 위해서는 자신의 습관을 바꿔야 한다. 이를 위해서 다음의 법칙들을 제안한다.

새우잠을 자더라도 고래의 꿈을 꾸는 학생이 성공한다

학부모들을 대상으로 학부모 교육 및 설명회를 할 때 질문을 던진다.

"부모님들이 계신 직장에 신입사원이 들어온 후, 한 일주일 정도 같이 일하다 보면 이 직원이 잘 클 수 있는 직원인지 아닌지 보이시지요?"

모두가 모두 공감한다. 그 직원의 미래가 보인다는 것이다. 수많은 신입 직원을 경험해 보니 '그 사람이 말하는 것만 봐도 알 수 있다'고 말한다. 심지어 '관상만 봐도 안다'고 말하는 분도 있다. 이런 말을 들으면 많은 분들이 웃으면서 공감한다. 왜 공감을 할까? 이는 관상(觀相)은 통계학에서 유래하기 때문이다. 즉 특정한 얼굴의 상을 지닌 사람은 대체적으로 이런 성격을 띠고 있다는 경험들이 누적되었기 때문이다. 다른 사람들의 인상이나 이미지를 관찰한 결과를 종합적으로 인식한 통계적 추정치에 가깝다. 더구나 관상은 나이가 들수록 더 정확도가 높아진다고 한다. 그 사람의 삶의 여정이 고스란히 반영되기 때문이다. 그래서 옛날 사람들이 '40살 이전의 얼굴은 부모가 만들어주지만, 40살 이후의 얼굴은 본인이 책임져야 한다'고 말하였는지도 모른다. 본인이 살아왔던 삶의 족적이 관상으로 드러나기 때문이다.

교육업계에서 일하는 전문가들과 이야기를 나누다 보면 비슷한 이야기를 듣곤 한다. '상담을 받으러 들어오는 학생의 걸음걸이만 봐도 그 학생의 성적을 알 수 있다'고 말하는 분도 있다. '상담할 때 하는 학생의 질문만 들어도 성적을 대충 짐작 할 수 있다'고 말하는 분도 있다. 오랜 시간 학생들과 상담하고 호흡하다 보니 나에게도 어느덧 꽤 높은 확률의 예측력이 생기게 되었다. 가령 학생이 부모님과 전화 통화하는 내용이나 주변 친구들에게 하는 말만 들어도 이 학생이 이번 입시에 성공할 수 있는가를 예측할 수 있다.

실패하는 학생들의 공통점은 주변 친구들 또는 지인들에게 자기의 꿈을 말하기 전에 자기의 꿈이 얼마나 힘이 들고 어려운지를 먼저 설명한다. 그리고 지금 자신의 현실이 어떤지를 꽤 정확하고 객관적인 수치를 언급하면서 설명한다. 자신이 실패할 수 밖에 없는 이유를 설명하는 것이다. 자신의 꿈을 이루지 못하는 것은 그 꿈이 원래 너무 어렵고 나 자신의 현실적 상황이 힘들기 때문이라고 말함으로써 노력하지 않은 자기 자신을 변명하고 싶기 때문이다. 즉 꿈을 이루지 못하는 이유가 나에게 있는 것이 아니라는 것이다. 이러한 과정을 반복하다 보면 자신의 꿈과 목표조차 망각하게 된다. 너의 꿈이나 목표가 무엇이냐고 물어보면 자신 있게 답변하지도 못하게 된다.

그러나 성공하는 학생들은 다르게 말한다. 그들은 내 꿈이 얼마나 어려운지를 설명하지 않는다. 내가 그 꿈을 꾸는 이유와 꿈을 이루어야 하는 이유에 대해 힘주어 말한다. 그리고 그 꿈이 이루어질 수밖에 없게 하는 나의 노력과 실천에 대해서 자신 있게 이야기한다. 그들은 내가 처한 현실적 상황이 얼마나 어렵고 힘든지를 알고 있지만 이를 강조하지 않는다. 오히려 '지금 새우잠을 자는 현실일지라도 나는 고래의 꿈을 꾼다'는 희망을 말한다.

실패한 학생들이 지니는 전형적인 오류는 실천하지 않는 의지력의 빈약함이다. 실천하지 않는 자기 자신을 바로 잡지 않고, 자신의 꿈을 말하는 것을 주저하고, 스스로 만든 비닐하우스 온실 속에 스스로를 가두는 나약한 사람이 된다. 성공하고 싶거든 실패자의 논리를 벗어던지고 성공하는 사람의 논리를 선택해야 한다. 아름다운 꿈을 꾸라. 그리고 그 꿈을 자신 있게 말하는 것을 주저하지 말라. 그리고 실천하지 않는 나의 행동력을 냉정하게 바로 잡으라.

모든 학습은 '나' 로부터 시작된다

모든 공부의 기본 원리는 동일하다. 그중에서 가장 중요한 것이 자기주도성이다. 공부의 주체는 나 자신이다.

보통 성적이 잘 나오는 학생들은 자기주도학습 능력이 뛰어난 학생들이다. 자기주도학습의 사전적 정의 즉 개념을 살펴보면 '학습자 스스로가 학습의 참여 여부에서부터 목표 설정 및 교육 프로그램의 선정과 교육평가에 이르기까지 교육의 전 과정을 자발적 의사에 따라 선택하고 결정하여 행하게 되는 학습형태'이다. 따라서 자기주도학습 능력이란 이러한 것을 가능하게 하는 학습능력을 말한다. 따라서 학습을 자기 주도적으로 할 수 있는 능력이 있느냐 없느냐에 따라 성적 향상이 좌우된다. 학습이란 한자로 '배울 학'(學) + '익힐 습'(習) 자로 구성되어 있다. 따라서 배우고 익히는 과정을 자발적 의사에 따라 선택하고 결정하고 행할 수 있어야 한다. 여기에서 가장 중요한 단어는 '자발적 의사' 곧 자발성이다.

공부의 성취를 경험하고 목표를 이루려면 1) 현재의 자신의 수준을 정확하게 파악하고, 2) 자신의 현 수준에서 목표지점까지 가려면 어떻게 해야 할까를 고민한 후, 3) 계획하고 실행해야 한다. 그러나 성적이 오르지 않는 학생이 가진 가장 큰 특징이 있다. 그것은 공부의 시작과 그 기준이 자기 자신이 아니라 타인이라는 점이다. 성적이 향상되는 학생을 보면, 자신의 수준에 맞는 계획을 스스로 세운다. 그리고 그 계획을 실현할 수 있는 학원과 교재를 선택하고, 자신에게 적합한 학습방법을 선택하여 실천한다.

이와 반대로, 열심히 공부를 하지만 성적이 오르지 않는 학생들의 공통점이 있다. 현재 자신의 수준은 파악하지 않은 상태에서 자기 학교에서 공부를 잘하는 학생들이 다니는 학원을 선택하고, 그 학생들이 선택하는 교재를 가지고, 그 학생들이 하는 방법으로 공부한다는 것이다. 즉 타인이 자신에게 맞게 설정한 기준을 보고 마냥 따라서 공부하면서 나의 심리적 불안감을 해소시키는 방식으로 공부를 한다는 것이다.

내가 기준으로 삼은 나의 친구와 나는 목적이 다르기 때문에 수단도 달라야 한다. 목표도 달라야 한다. 여기에서 '목적'이란 도달하고자 하는 지점 즉 꿈을 말하는 것이며, 수단은 그곳을 향해 나아가는 방법을 말한다. '목표'란 최종 목적지를 향해가는 과정에서 도달하여야 하는 지점이다. 즉 작은 목표들을 이루면서 목적을 성취하게 된다. 목표는 더 강한 추진 동력을 얻기 위하여 동기부여를 위한 점검지점인 것이다. 학습의 기준점은 '나' 자신이 되어야 한다. 이 기준점에서 시작하지 않고 타인의 기준으로부터 시작하는 것은 출발지점에서부터 실패하는 것이다. 현재 내가 서있는 지점과 타인이 서있는 지점이 다르고 각각의 목적지와 목표가 다른데 똑같은 교통수단을 타고 가려는 격인 셈이다.

　다시 말한다. 자신의 꿈을 명확히 하고 나의 현 지점에서 꿈을 이루기 위한 방향을 선택하라. 그리고 가장 빠르게 갈 수 있는 최적의 수단을 선택하라. 조금만 노력해도 실현가능한 목표를 세우라. 이 작은 목표를 이루면 엄청난 동기부여가 될 것이다. 꿈을 향해 멈추지 않는 강력한 엔진이 장착된다. 타인이 아니라 자기 자신을 기준점으로 삼으라. 먼저 나에게 집중하라. 나로부터 시작된 나만의 꿈을 실현하기 위한 방향을 잡고 작은 목표를 이루며 실천해 나간다면, 어느새 자신이 꿈꾸던 그런 사람이 되어 있을 것이다.

공부는 항상 왜? 로부터 시작한다

학생들을 처음 만나 교육을 할 때면 다음과 같이 이야기를 시작한다.

"만약 여러분이 회사 사장님 또는 면접관이 되어서 신입사원 면접을 보면서 다음과 같은 질문을 던집니다. '우리 회사가 당신을 뽑아야 하는 이유를 설명해 보세요.' 이 질문에 신입사원 A는 '저를 뽑아주신다면 죽을힘을 다해서 회사를 위해 일하겠습니다'라고 답변을 하였습니다. 신입사원 B는 '제가 면접을 보러 오기 전에 사장님의 회사에 대해서 여러 자료와 차트를 통해 알아보니 사장님의 회사는 이러이러한 강점이 있습니다. 하지만 저의 판단으로는 다음과 같은 여러 개의 취약점도 보입니다. 저를 뽑아주신다면 저는 1년 동안 제가 파악한 취약점을 이러이러한 방식으로 보완할 것입니다. 그러면 약 1년 뒤에는 사장님의 회사에 몇 십억의 이익이 남을 것입니다.'라고 대답했습니다. 여러분은 A와 B 중에 누구를 신입사원으로 채용하겠습니까?"

대부분의 학생들은 B를 뽑겠다고 대답을 한다. A는 회사를 위해 죽을힘을 다해서 일하겠다는 적극적인 헌신을 약속하는데 왜 B를 뽑을까? 이유는 간단하다. B가 훨씬 구체적이고 명확한 답변을 하기 때문이다. 학생들에게 이 질문을 하면 모두가 똑같이 대답한다. 나는 학생들에게 다시 다음과 같이 설명한다.

"1년 뒤에 여러분이 입학하고 싶은 대학의 총장님께서 여러분에게 똑같이 질문한다고 가정합시다. '우리 학교가 여러분을 뽑아야 할 이유를 설명해 보세요.' 여러분은 어떻게 대답할 것인가요? 여러분은 보통 입시공부를 본격적으로 시작하면서 어떤 말들을 하나요? 1년 동안만 죽었다고 생각하고 공부하자! 이런 말들을 하지 않나요? 여러분의 말은 신입사원 A의 대답과 무슨 차이가 있지요? 방금 전 여러분들은 신입사원 A와 B중 B를 선택한다고 말했는데, 왜 회사로부터 선택받지 못한 A처럼 말하고 있나요? 그것이 바로 시험에서 성공하지 못하는 사람들의 습성입니다.

여러분은 입시공부를 시작하면서 이렇게 자신에게 답변을 했어야 합니다. 예를 들어 다음과 같이 말해야 구체적인 대답이 됩니다. '제 꿈은 의사인데 의사가 되기 위해서는 의대를 가야하고, 의대를 가기 위해서는 성적이 어느 정도 나와야 하는데 합격 성적기준에서 나 자신을 분석해보니 저에게는 그것을 달성할 수 있는 이러이러한 강점이 있으며, 그것을 어렵게 만드는 이러이러한 취약점도 있었습니다. 저는 1년 동안 저의 강점을 발휘하여 약점을 어떻게든 보완해 나가도록 할 것입니다. 수험공부는 전략적으로 크게 세 단계로 나누어 6월 평가원 모의고사까지는 어떻게 공부할 것이며, 그것을 바탕으로 6월 평가원 모의고사 이후부터 9월 평가원 모의고사 이후까지는 어떻게 공부할 것이고, 9월 평가원 모의고사를 토대로 저의 부족한 점을 파악

하여 수능 때까지 보완함과 동시에 실전감각을 키우기 위해서 이렇게 공부하겠습니다.'

여러분이 이렇게 답변하지 못한 이유가 무엇일까요? 꿈에 대한 구체화 작업이 없었기 때문입니다. 성적이 향상되는 학생들의 공통점이 있습니다. 그들에게는 꿈에 대한 간절함이 있으며 아울러 그 꿈을 이루기 위해 '공부를 왜 하는지'에 대한 근본적 성찰이 있습니다.

따라서 여러분이 꿈을 이루기 위해서는 다음과 같은 구체화 과정이 있어야 합니다.

첫째, 왜 나는 의사가 되고 싶은가?(꿈에 대한 근본적 성찰)

둘째, 어떠한 의사가 되고 싶은가?(꿈의 구체화 과정)

셋째, 그 의사가 되기 위해서는 어느 대학을 지원할 것인가?

넷째, 그 대학을 가기 위해서는 어떠한 입시전략과 수험전략이 필요한가?

다섯째, 그 입시전략과 수험전략에 따른 학습전략은 어떻게 되는가?

여섯째, 그 전략들의 구체적 계획과 실천방안은 무엇인가?

따라서 제가 여러분에게 지금 이 과목을 이렇게 공부하는 이유를 나에게 설명해보라고 요구할 때 자연스럽고도 구체적으로 말할 수 있어야 합니다."

성공한 사람처럼 자신을 성찰하고 성공한 사람처럼 의문을 던지

면, 성공한 사람의 답변이 나온다. 공부 및 수험에서 성공하고 싶으면 지금 '왜 공부하는가?'라는 질문을 자신에게 구체적이고 집요하게 던져보라.

긍정의 인식 전환능력을 키우자

10년 이상을 학생들과 대학 합격을 위해 호흡하였다. 언제나 학생 하나하나에게 실제적으로 도움이 되고, 학생들이 자신의 꿈을 성취하고 효율적으로 공부하게 하는 방법을 찾고 연구하였다. 그 과정에서 성공적으로 공부하는 학생들의 공통된 특징들을 발견하였다. 그중 가장 중요한 것은 바로 학습지능이다. 똑같은 분량의 시간 동안 공부했음에도 불구하고 학습지능이 뛰어난 학생이 훨씬 더 빠른 성과를 나타냄을 확인하였다. 그런데 1년이라는 수험의 여정을 거쳐야 하는 수능에서는 학습지능이 뛰어난 학생이 더 좋은 결과를 낸다는 명제가 성립되지 않음을 확인하게 되었다. 학습지능이 뛰어난 학생이 성적이 더 빠르게 오르긴 하지만, 그 결과를 1년 동안 유지시키는 동력이 없어서 수능에서 주저앉는 학생들을 수없이 많이 목격했다. 결국 수능에서 좋은 결과를 얻기 위한 첫 번째 조건은 지능이 아니라 수험의 여정을 지치지 않고 1년 동안 꾸준히 밀고 나갈 수 있는 힘이라는 것을 알게 되었다.

학습지능이 뛰어난 학생이든 학습지능이 평범한 학생이든 '수능이라는 결승선'을 통과해야만 하는 것이 최우선 과제이다. 결승전을 훌륭히 수행해 내는 학생들의 특징은 무엇일까? 바로 긍정의 인식전환 능력이다.

기숙학원에 입소하는 학생 가운데 본인이 지능(IQ)이 낮다고 생각하는 학생들은 결코 고비용을 들여서 재수를 하지 않는다. 즉 입소 학생들은 평균 이상의 학습지능을 갖추고 있다는 이야기다. 그리고 기숙학원이라는 조건은 모든 학생들이 한 공간에서 동일한 생활을 하고 똑같은 음식을 먹으면서 비슷한 수업을 듣게 된다. 그런데 1년 뒤에는 학생 개개인마다 받은 성적표가 매우 다르다. 이러한 결과에 대해 깊은 궁금점을 가지고 학생들을 관찰한 결과가 있다. 바로 '긍정의 인식 전환능력'이 뛰어난 학생이 수험에서 성공하는 경우가 많다는 것이다.

비가 내리는 어느 날, 학생들에게 가볍게 이렇게 질문했다. "오늘 날씨 좋지?" 이 질문에 학생들은 각기 다르게 반응하였다. 나는 학생들에게 이렇게 말해 주었다. "수험생활을 하다보면 비가 오는 날도 있고, 더운 날도 있고, 추운 날도 있단다. 그런데 수험생에게는 '공부가 잘 되는 날'이 날씨가 좋은 날이더라. 공부가 잘 되는 날은 비가 오면 비가 와서 좋고, 추우면 추워서 좋더라. 그러니 여러분들에게 어떠한 날씨가 주어지든 그 날을 좋은 날씨로 만드는 사람들이 되었으면 좋겠다.”

　장미꽃을 보고서 어떤 사람들은 가시에 주목하면서 ‘무슨 꽃에 가시가 이렇게 많아!’ 라고 말하며 짜증을 낸다. 또 어떤 사람들은 ‘어떻게 이렇게 많은 가시 속에서 아름다운 꽃을 피울 수 있지?’ 하고 꽃의 아름다움에 감동하며 그 경이로움을 누린다. 여기에 비결이 있다. 수험생활을 하면서 예측할 수 없이 닥치는 힘든 현실에 직면하면서도 낙관적 자세를 유지하는 것이다. 비록 좌절감을 느끼거나 이성적으로 비관하게 되더라도, 강력한 의지로 낙관하는 태도를 잃지 않는 학생들이 좋은 열매를 거두게 된다. 수도원처럼 사방이 높은 담으로 둘러쌓인 답답한 공간이지만, 이를 끊임없이 불평하면 그곳이 감옥이 되지만, 매일같이 주어지는 삶 속에서 감사하는 생활을 하면 그 장소가 날마다 하나님을 만나는 천국이 된다.

　교실이나 독서실이나 도서관이나 기숙학원이나 공부하는 장소는 대개 밀폐된 공간이다. 그 좁은 공간이 감옥이 되느냐, 아니면 천국이 되느냐는 결국 주어진 상황을 제대로 인식하고 나만의 긍정회로를 가동하여 긍정의 인식으로 전환할 수 있느냐에 달려있다. 이것은 ‘일체유심조’의 깨달음과 같은 것이다. 이를 터득하기 바란다. 그리고 이러한 깨달음을 자신의 입으로 말하고 행동하고 습관으로 만들라. 장담컨대 자신의 운명이 바뀔 것이다.

"너의 믿음은 너의 생각이 된다. 너의 생각은 너의 말이 된다. 너의 말은 너의 행동이 된다. 너의 행동은 너의 습관이 된다. 너의 습관은 너의 가치가 된다. 너의 가치는 너의 운명이 된다." _마하트마 간디

수험생이라는 프로의식, 그리고 선택과 집중

성공적으로 공부하는 학생들의 생활 방식을 오래 관찰해 보았다. 그들의 공통점은 꾸준함이다. 수험생의 꾸준함이란 성실함과는 사뭇 다르다. 성실함은 일상적인 삶의 태도이다. 그러나 수험 공부에는 목표가 있다. 이 목표를 향해 매진하고 집중하는 일관된 노력, 이것이 꾸준함이다. 즉 어떤 일을 하면서 자신의 목표와 목적이 자신의 삶과 생활의 모든 것을 지배하느냐? 아니면 다른 것들의 지배를 받느냐? 하는 것이다.

이것을 선택과 집중이라고 한다. 선택(選擇)이란 '여럿 가운데서 필요한 것을 골라 뽑음'이라고 사전에 정의되어 있다. 예를 들면, 열 가지 중에 필요한 것들을 골라 뽑는 것을 말한다. 그러나 사전적 의미를 넘어서 실제적 의미를 살펴보자. 선택이란 열 가지 중에 필요한 것들을 뽑는 것이 아니라, 필요한 것을 뽑기 위하여 필요하지 않은 것을 포기하는 행위를 말한다. '집중'이란 가장 뽑고 싶은 것 한 가지를 위해서 다른 것들을 포기하는 것이다. 심지어 마음에 열망하는 두 번째

의 것도 포기하여야 한다.

예를 들어, 야구라는 스포츠를 할 때 이를 직업으로 하는 것과 동호회 활동으로 하는 것은 차이가 있다. 직업과 취미생활은 다르다. 직업으로 하는 야구는 자신의 능력을 경기 당일에 최대한 끌어올리기 위하여 연습하고, 신체 컨디션과 생활 리듬을 섬세하게 조절한다. 경기를 하지 않는 날에도 몸 상태를 점검하고 식습관을 조절하고 밸런스가 깨지지 않게 하기 위해 주의를 기울인다. 즉 경기당일 자신의 경기력을 최대화하기 위하여 일상 생활에서도 자신이 원하는 것들을 기꺼이 포기하는 선택을 한다. 오로지 그날의 경기를 위해 모든 것을 집중시킨다. 반면에 야구 동호회 활동을 즐기는 사람들은 하나의 경기를 위해 다른 날들을 포기하지 않는다. 즉 야구를 선택할 수 있고, 친목 모임도 선택할 수 있고, 여행도 선택할 수 있다. 이렇게 여러 가지를 모두 선택하다보니 어느 한곳에 집중할 수 없는 상황이 된다. 그렇게 하다 보니 실력은 늘지 않는다. 그리고 경기의 결과나 승부에 신경 쓰기보다는 동호회 활동에 나오는 사람과의 친목 관계에 더 집중하게 된다. 우리는 이것을 프로와 아마추어의 차이라고 한다.

프로는 한 가지 일을 가장 잘하기 위해서 선택하고 집중한다. 바쁜 삶을 단순화시킨다. 아무리 분주해도 반드시 연습하고 체력을 단련하는 시간을 만들고 이를 실행한다. 매일의 시간관리를 한다. 가장 중요한 일을 위해 집중하고 또 집중한다. 하지만 아마추어는 시간 낭비와 에너지의 누수가 많다. 이것저것 할 일들이 많다보니 산만하고 집중하지 못한다. 프로와 아마추어의 차이는 무엇일까? 프로는 자기 자신이 주인이 되어 시간을 관리하며 선택과 집중을 하는 전문가이다. 아마추어는 시간을 지배하지 못한 채 시간의 지배를 받으며 생활한다. 공부의 프로가 되려면 자신만의 시간을 가지고 선택하고 집중해야 한다.

수험생은 프로가 되어야 한다. 수험생이라는 프로의식을 가지라. 그래야 좋은 경기를 치를 수 있다. 프로는 자신의 상황과 컨디션에 따라서 경기출전을 하는 것이 아니라, 최선의 경기를 위해 매일같이 담금질을 한다. 오늘 컨디션이 좋지 않다고 연습을 멈추지 않는다. 오늘 기분이 나쁘다고 경기 출전여부를 결정지을 수 없다. 직장생활 혹은 사업을 하는 가장이 아침에 피곤하다고 해서 혹은 기분이 좋지 않다고 해서 출근을 안 하는 경우는 거의 볼 수 없을 것이다. 왜냐하면 그것은 직업이고, 출근은 곧 가족의 경제적 기반을 좌우하기 때문이다. 수험생이라는 프로의식을 가지라는 말은 곧 이런 의미이다. 오늘 나의 감정 상태가 좋지 않거나 내 기분을 망치는 일이 있다고 해서 책상 앞에 앉아서 집중 못한다는 핑계를 대지 않는 태도이다. 오늘 컨디션이 좋지 않다는 이유로 공부를 멈추지 말아야 한다는 것이다. 성공적으로 공부하는 학생들의 생활 방식에는 이런 꾸준함이 있다. 기분이 좋지 않아도, 날씨가 좋지 않아도, 컨디션이 좋지 않아도 자리를 지킨다. 일단 책상에 앉아서 오늘 할 일을 기어코 끝낸다. 그것이 자신의 미래와 삶에 결정적인 영향을 마치기 때문이다. 나 자신이 나에게 주어진 시간을 지배하는 주인이 되지 못하면, 그 시간은 타인에 의해 지배받는 시간이 되어 버린다.

진정한 프로의 자존심이 있다. 그것은 나의 개인적 상황과 컨디션의 문제를 오늘 경기부진의 핑계로 삼지 않는 것이다. 프로의식을 지닌 학생 역시 마찬가지다. 다른 핑계를 대지 않는다. 꾸준하게 최선을 다하고 최선의 승부를 만들어 낸다.

인터넷 강의로
호기심과 탐구력 높이기

박기철

    이제 학생들의 내신과 수능공부에 인터넷 강의가 선택이 아닌 필수인 시대가 되었다. 사회적으로도 인터넷 강의가 보편화되고 있다. 비대면 온라인 학습의 경험이 많아지고, 인터넷 매체에 좋은 강의와 학습 콘텐츠가 점점 풍부해지고 있다. 특히 평준화 전략에 맞춰서 정규 수업이 진행되다 보니 각 학생들의 실력과 호기심에 맞춘 수업이 실제로는 어렵기 때문에 인터넷 강의의 중요도는 더욱 높아지고 있다. 또한 정시에서는 단순히 내신 수준이 아닌 통합적인 사고력과 논리, 추론력과 더불어 기본 배경지식이 많이 필요하기 때문에 학교수업으로는 부족한 점을 인정하지 않을 수 없다. 이처럼 인터넷 강의가 대세이다 보니 중학생을 대상으로 하는 전문 인터넷 수업을 하는 기업이 있을 정도이다. 또한 코로나19로 인하여 대면 수업이 힘들어지고 비대면 온라인 수업이 많아지면서 이를 보충할 필요성이 많아졌다. 이제 학교에서도 원격수업 플랫폼이나 줌(zoom)을 이용한 온라인 수업이 상용화되고 있다. 따라서 인터넷 강의와 온라인 학습이 공부의 필수요소가 되었다.

인터넷 강의를 어떻게 사용하면 좋을까? 이에 대해서 함께 고민해 보자.

이제는 호기심 천국이다

인터넷은 호기심을 자극하는 천국이다. 유투브와 네이버tv, 그리고 K-mooc 등이 그것이다. 게임용에서 지적 호기심을 충족시키는 용도로 전환이 필요하다.

유튜브 100% 활용하기

자신의 진로에 대한 고민을 해결하고자 한다면 〈대도서관 잡쇼〉를 추천한다. 다양한 직업들을 상세하게 설명하는 식이 아닌 그 직종에 종사하는 분들과의 대담을 통해 생생한 정보를 줄 수 있다는 장점이 있다.

문과계열에 관심이 있는 학생들
이라면 〈차이나는 클라스〉를 추천한
다. 방송에서도 나오지만 TV를 시
청하기 곤란한 학생들에게 추천한
다. 고전에서부터 현재 시사에 이르
기까지 전문가들이 나와서 강의를
해주는데 쉽게 설명해준다는 장점
이 있다.

이과계열에 관심이 있다면 〈코스
모스 : 칼 세이건〉을 보기를 바란다.
천문, 물리학 등 자연과학에 필요한
내용들이 이해하기 쉽게 되어 있다.
실제 학생들과 일반인들에게 이해
하기 쉽게 하고자 칼 세이건 박사가
헐리우드 영화팀의 도움을 받아 제
작한 만큼 시각적인 공부에 큰 도움
이 된다. 과학고등학교를 준비한다
면 적극 추천한다.

네이버TV 활용하기

유튜브의 미디어 잠식을 막고자 네이버에서 기획적으로 만든 네이버TV에는 다양한 콘텐츠들이 많다. 그 중에서도 4차 산업혁명시대에 필요한 기술 등에 대한 설명을 정말 풍성하고 상세하게 잘 드러내고 있는 채널이 있다. 그것은 바로 〈카오스:한국과학창의재단〉이다. 중고등학생들뿐만 아니라 일반인들 역시 수강한다면 정말 좋은 통찰력을 얻을 수 있을 것이다.

KOCW와 K-mooc 활용하기

교육부에서 야심차게 해외 mooc를 따라잡기 위해서 만든 대학공개강의이다. 이는 기존의 KOCW 대학공개강의와는 달리 쌍방향 강의이며 한학기 등록해야 한다. 교육부 장관이 몇 해 전 대학공개강의를 학점으로 인정할 수 있다는 발표를 한 적이 있다. 그만큼 대학공개강의 수준은 점점 높아져 갈 것이라 생각한다. 화려한 강의 스킬과 PPT가 많지 않아 지루한 감이 없지는 않지만 대중적인 인기를 얻고 있는 강의도 많다. 자신의 진로에 맞게끔 강의를 들어보길 추천한다.

학생부종합전형과 연결하기

앞서 언급한 채널과 강의들을 학교생활 중 수행평가, 자유주제 보고서, 심화탐구의 소재로 사용하기를 추천한다. 어떤 소재를 갖고 쓸 것인가를 막연히 고민하기 보다는 이런 미디어를 찾아서 제목만이라도 검색하다보면 어떤 통찰력 내지 영감을 얻을 수 있다고 확신한다. 학생들의 호기심과 자기주도적인 문제 해결력을 대학에서는 파악하고 싶어 한다. 그렇다면 그 수준을 높이기 위하여 위에 언급한 미디어 관련 소재를 꼭 참조해 보기를 추천한다.

내신과 수능을 높이기 위한 인터넷 강의

자기 수준에 맞게 들어야 한다

"샘, 국어 인강은 누구의 것을 들어야 하나요?"

학생들이 제일 많이 하는 질문 중의 하나다. 소위 인강 스타강사가 누군가를 묻는 것이다. 그럴 때마다 나는 학생들이 시범강의를 들어보기를 추천한다. 왜냐하면 나에게 맞는 강사가 필요한 것이다. 실제로는 나에게 맞는 강사라기보다는 내게 맞는 수준을 강의하는 사람을 찾는 것이 더 중요하다. 즉 지금 나의 내신 수준과 정시 수준을 객관적으로 비교해야 한다. 그런 후에 개념강의와 심화강의 중에서 어느 부분을 들을지를 결정해야 한다.

선택 후에는 미련을 두지 말아야 한다

자신이 선택한 인강을 들을 때 학생들 중 몇몇은 옆 친구가 듣는 강의랑 자꾸 비교한다든지 인강 후기에 또 눈길이 가게 된다. 눈길이 가게 되면 마음이 흔들린다. 즉 내가 지금 듣는 인강이 정말 좋은가? 이런 불안한 마음을 갖게 되면 강의 중에 생기는 어쩌면 옥에 티 같은 하나의 사건에 마음이 빼앗겨 또 다른 강사를 찾는 경우가 자주 있다. 이러다 보면 시간 낭비, 마음 낭비가 일어나게 된다. 신중한 선택을 했다면 끝까지 믿고 가면 된다. 실제 강사들 수준은 대단하다.

인강 듣는 속도는 정배속이다

인터넷 강의가 거의 30강을 넘다 보니 학생들 마음은 늘 급하다. 시간이 부족하다는 생각에 늘 사로잡혀 있다 보니 빨리 1회독을 하고 싶은 욕심이 앞서있다. 그래서 1.2배속에서 1.5배속, 2배속으로 듣는 학생들이 많다. 그러나 배속을 높이게 되면 강사의 강의에 배어있는 논리성과 추론, 비판력을 함께 따라 가지 못한다. 즉 소리만 전달되는 부작용이 생길 수 있다. 1회독 할 때에도 2회독 할 때에도 정배속을 추천한다. 강사의 생각을 본인 머릿속에 담아야 한다. 그것이 오랫동안 새겨지는 비법이다.

복습을 해야 한다

인터넷강의 개수가 30강을 넘어갈 경우 1회독 하기도 솔직히 벅차다. 그래서 대다수의 학생들은 1회독으로 끝나는 경우가 많다. 1회독을 꼼꼼히 하는 경우도 실제 수강생들 중에서 30% 정도에 머물러 있는 듯하다.

복습은 모든 공부의 기본이고 기반이다. 인터넷 강의를 복습한다면 그야말로 최고의 실력을 쌓을 수 있는 기반이 될 것이다. 그래서 복습을 강력히 추천을 한다.

복습을 위해서는 매회 들을 때 중요한 부분에 강의제목과 시간을 점검하기를 바란다. 예를 들어 '생활과 윤리 2회차 5분 25초~7분(칸트)' 이런 식으로 계속 메모를 하길 바란다. 그런 후에 3회차 강의를 들을 때 2회차 복습을 하면 엄청난 실력을 갖게 될 것으로 확신한다.

강의명 및 난이도(초급, 중급, 고급)	
강사 및 기관	
예상 일정	월 일 요일 ~ 월 일 요일
완성 일정 및 이해 완성도	월 일 요일(1 2 3 4 5)
전체 평가	

회차	예상 일정	중요내용 및 타임체크	실제 일정	이해 완성도
	월 일 요일 시 분 - 시 분		월 일 요일 시 분 - 시 분	1 2 3 4 5
	월 일 요일 시 분 - 시 분		월 일 요일 시 분 - 시 분	1 2 3 4 5

영어공부 체력 키우기 :
시대와 함께 하는 영어
공부 익히기

고성관

영어, 선택이 아니라 필수

영어 교육은 유아에서 시작하여 초등, 중등, 고등, 성인으로 갈수록 보다 중요해지고 있다. 상급 학교에 진학할 때 뿐만이 아니라 기업이나 사업체에서 사람을 채용할 때조차 영어는 무엇보다 중요한 필수 항목이다. 해외교류, 해외여행, 해외 인터넷사이트 서핑(surfing)이 늘어나면서 영어의 필요성은 더욱 커지고 있다. 모든 사람들이 영어에 큰 관심을 가지고 있다. 게다가 엄청난 시간과 에너지를 영어 공부에 투입한다. 그러나 영어 공부를 제대로 하거나, 영어를 숙련되게 이용하고 구사하는 사람은 많지 않다.

영어는 듣기(listening), 말하기(speaking), 읽기(reading), 쓰기(writing)로 구성되어 있다. 1960년대에서 1980년대 즉, 지금의 부모 세대들의 영어 교육은 읽기(reading)에 국한되어 문법과 어휘력이 강조된 독해 위주의 수업이었다. 그 때는 주입식 영어교육의 방식으로 단어와 문장 등 모든 것을 달달 외우곤 했다. 영어를 사용하는 해외나 외국인을 접할 기회가 없었던 그 세대 사람들은 큰 문제점을 느끼지 못하고 영어를 '학문'으로 받아 들였다.

1990년대 접어들면서 영어에 대한 이러한 인식은 큰 변화를 맞게 된다. 해외여행이 자유로워지면서 너도나도 해외로 여행을 떠났다. 해외교류가 왕성하게 이뤄지면서 외국에서 온 바이어(buyer)를 상대해야 했고 해외 출장의 횟수도 나날이 증가했다. 즉 영어로 듣고 말하는 회화 능력이 중요하게 간주되기 시작하였다. 이러한 새로운 상황에서 그간 주입식으로 영어 교육을 받았던 아버지 세대들은 고학력을 지니고 있고 영어 문장 읽기 능력이 있음에도 불구하고 그들의 말을 알아들을 수 없었고 소통할 수 없었다. 그 결과 일상과 업무에 전혀 쓸모 없는 영어의 민낯에 회의감을 느꼈다.

하지만 지금, 인터넷이 상용화된 이후 전 세계는 인터넷과 다양한 네트워크를 통해 하나가 되어 가고 있다. 전 세계 인터넷 보급률은 매년 높아지고 인터넷의 속도는 급속도로 빨라지고 있다. 이제는 스마트폰으로 전 세계 인터넷 보급망에 접속이 가능한 시대가 되었다. 우리의 일상과 관련된 대부분의 정보가 영어로 게시되는 상황에서 영어의 중요성과 필요성은 급증하고 있다.

영어공부, 현대 영어의 흐름을 읽어라

영어 교육, 이제는 제대로 알고 공부해야 하지 않을까? 가장 먼저 인식할 점은 현 시대의 영어는 인터넷과 함께 한다는 것이다. 일상에서 외국인과 직접 만나서 영어로 소통하는 기회는 그리 많지 않다. 오히려 SNS나 메신저 등을 통해 전송되는 인스턴트 메시지(IM)나 이메일에서 영어를 사용하는 일이 훨씬 더 많아지고 있다. 또한 세계화(globalization)된 지구촌에서 우리가 접하는 정보들의 90% 이상이 영어로 되어있다.

따라서 영어 공부의 방향에 적지 않는 변화의 흐름이 생겨나고 있다. 즉 앞으로 영어 공부에서 듣기와 말하기 능력만큼이나 읽기와 쓰기가 중요한 능력이 될 것이라는 점이다. 게다가 지금 중고등학교 시험에서도 서술형 문제가 전체 문항의 절반 이상을 차지하고 있다. 나아가 수능시험에서도 논리를 통한 고난이도 글읽기 수준을 요구하고 있는 것이 현실이다. 이것이 현대 영어의 추세이다. 이러한 흐름을 잘 인식하고 효율적인 영어를 할 수 있어야 한다.

영어공부법의 요체

영어공부법에서 중요한 비법 몇 가지를 강조하고 싶다. 이를 명심하고 실천하면 눈에 두드러지는 실력 향상이 있게 될 것이다.

어휘력을 키우라

영어 공부의 기본기와 비법은 어휘력에 있다. 지금 중고등학생들의 대부분은 스마트폰과 함께 성장하였다. 이러한 멀티미디어 기반 환경에서 책보다 영상을 먼저 접했고, 쓰기보다 눈으로 보는 것에 훨씬 익숙하다. 영어와 관련하여 대부분의 학생들이 토로하는 고민은 다음과 같다.

"글을 읽지만 무슨 말을 하는지 잘 모르겠어요."
"선생님 단어의 뜻을 잘 모르겠어요."
"징글징글 긴 글은 쳐다보기도 싫어요."

영어로 된 영상의 대사나 영어 문장을 자주 접하고 영어 공부를 많이 하지만 영어를 읽지도 알아듣지도 못한다. 즉 영문을 읽는 수준은 심각할 수준으로 저하되어 있다. 그러나 영어를 읽고 이해할 수 있는 방법이 있다. 그것은 어휘력을 키우는 것이다. 영어는 언어라는 점을 절대 간과해서는 안 된다. 언어는 어휘들로 구성되어 있다. 어휘의 정확한 의미를 이해하지 않고서는 문장을 이해할 수 없고, 문장을 이해하지 못한다면 글을 이해할 수 없다.

비문학 읽기를 시도하라

어휘력을 향상시키고 다양한 영어 문장을 이해하기 위해서는 비문학 읽기를 해야 한다. 즉 초등학교의 기본 영어 단어나 영어 교과서의 문학 장르의 문장에만 익숙해서는 곤란하다. 문학적인 글은 그 전체적인 내용을 미리 머리로 그려 상상하기 때문에 단어를 몰라도 내용을 어느 정도 짐작할 수 있다. 하지만 그것이 우리의 생각하는 과정을 막아버린다. 서론이나 몇몇 문장만 보더라도 이어지는 내용이나 결론을 짐작할 수 있어 우리 뇌는 많은 생각(일)을 하지 않는다.

하지만 비문학은 다르다. 글을 일일이 읽어보지 않고는 전체 내용을 알 수가 없다. 앞 문장들의 내용과 뒷문장의 내용과의 연계성을 이어가야 하고, 어휘 또한 생소한 어휘가 많이 등장한다. 그래서 읽는 과정 내내 우리 뇌는 쉴 새 없이 일하며 사고(thinking)를 해야만 한다. 이러한 뇌의 사고과정을 다른 말로 이해력(理解力) 즉 독해력(讀解力)이라고 한다. 비문학 텍스트(text)나 문장을 읽고 독해하는 능력이 배양되면 영어 읽기가 수월해진다. 그 어떠한 영어 문장도 두렵지 않게 된다.

영어로 된 신문 읽기 – 어휘력 향상의 최고 비법

비문학을 접하는 가장 좋은 방법은 무엇일까? 영어 신문 읽기를 적극적으로 권한다. 신문에는 정치, 경제, 연예, 사회, 문화, 스포츠, 보건의료, 문화, 예술 등 다양한 영역의 비문학적인 글이 담겨있다. 그리고 본인 스스로 가장 관심 있는 영역이나 주제의 글을 선택하여 읽을 수 있다.

신문 읽기의 중요한 과정과 방법이 있다. 그 글을 출력(print out)하여 이를 노트에 스크랩(clipping)하여 읽어야 한다. 그리고 잊지 말아야 하는 것은 글은 '읽는 것 뿐만 아니라 쓰는 것임을 명심' 해야 한다. 전체 글을 읽었다면 이를 노트에 무슨 내용이었는지 100자 이내로 간추려 써보는 연습을 하는 것이다. 핵심을 요약하여 문장으로 쓰는 연습을 해보라. 어휘력 향상은 물론 문장 간의 관계성을 통해 글의 이해력을 높여 줄 것이다. 이는 영어능력뿐만 아니라 국어능력 향상에도 크게 도움이 된다.

한글신문 읽기부터 시작하라

영자 신문을 곧바로 읽으면 과부하가 걸리거나 부담이 될 수 있다. 처음 시작은 모국어 신문을 선택하는 것이 큰 도움이 된다. 우리말로 된 신문을 일정 기간 읽으면서 시사에 대한 감각을 지니고 시사/사회/경제/정치 등의 어휘에 친숙해진 이후에 영자신문을 읽는 것을 권하고 싶다. 요즘은 영자 신문과 한글 신문을 동시에 발행하는 언론사도 있으므로 동일한 내용의 기사를 영어와 한글로 접할 수도 있다.

영어는 국가 경쟁력을 갖추는데 다른 어떤 요소보다 중요한 요소임은 아무리 강조해도 지나치지 않을 것이다. 영어교육에 있어 기본이 되는 것은 결국 국어(國語)라는 점도 꼭 기억하기 바란다. 국어가 올바르게 형성되어 있지 않다면 영어공부는 '밑 빠진 독에 물 붓기'가 될 수도 있다.

영어 공부, 불가능한 난공불락의 요새가 아니다. 우리에게 열려 있는 문이 있다. 영어의 기초가 전혀 없는 학생이 아니라면 곧바로 시도하라. 비문학 어휘력 습득은 영어 체력과 감각을 놀랍게 향상시킬 것이다. 이제 여러분들에게 과제가 하나 주어졌다. 그것은 바로 실천(實踐)이다.

제3부

실전 과목별 학습법

공부법의 요체는 각 과목의 특성을 이해하는 것이다.
책과 문제집만 붙잡고 씨름한다고 저절로 공부가 되지 않는다.
국어, 영어, 수학, 사회, 과학 등 각 과목은
각기 다른 방법으로 공부해야 한다.
또한 자신의 학업 단계와 능력에 대한 정확한 분석을 하여야 한다.
그리고 자신에게 가장 적절하고 효과적인
전략을 세우고 공부해야 한다.

공부는 미지의 동굴을 탐사하거나
절벽을 타고 오르는 무모한 모험이 아니다.
누구든 자신의 능력과 재능을 발견하고
한 걸음씩 꾸준히 걸어가면 마침내 도달할 수 있는 봉우리이다.
가파른 경사에서 포기하지 않고
걸음을 멈추지 않으면 능선에 도달한다
능선을 타고 오르는 길은 그리 어렵지 않다.
고지가 바로 가까이 있음을 눈으로 확인하며 걷게 된다.

고지에 이르게 되면 함성을 지르게 된다
나는 몇 번의 고비를 넘어 마침내 나의 한계를 극복했다고.
앞으로 내 인생에서 정복해야 할 수많은 봉우리들을
정복할 수 있는 비결을 터득했다고.

당신도 그 주인공이 될 수 있다!

★★★ 국어 공부법 ★★★

초등 중등 고등 국어공부
실전비법

최현경

초등 국어 공부

초등학교에 입학하기 전부터 아이들은 읽기와 쓰기를 시작하게 된다. 한글의 기본인 자음이나 모음에 대한 설명이나 이해 없이 아이들은 암기를 통한 국어 학습을 하고 있다. 유치원에서도 초등 저학년에서도 자음과 모음의 차이에 대해 알리지 않고 글자 쓰기에만 열중하게 한다. 이런 공부 습관은 학년이 올라갈수록 나쁜 공부 습관을 형성하게 만든다.

듣기와 말하기

국어는 듣기 말하기, 읽기, 쓰기, 문법, 문학의 다섯 가지 영역이 있다. 모든 언어의 영역에서 가장 중요한 것은 '듣기'와 '말하기'이다. 이는 언어의 시작이라고 말할 수 있다. 듣기는 태어나자마자부터, 말하기는 옹알이부터 시작된다. 학교에 입학하기 전부터 듣기와 말하기 습관이 만들어지기 시작하고 이는 쉽게 고쳐지기 어려운 영역이다. 듣기와 말하기 영역은 학교에서도 배우지만 이미 학생들은 배우지 않아도 다 알고 있는 영역이다. 유아 때부터 성장하면서 경험하며 배웠기 때문이다. 인사하기, 대화하기, 예의 지키며 말하기, 발표하기 등은 누구든 전혀 어렵지 않다고 생각하는 주제들이다. 하지만 이처럼 별로 어렵지 않고 누구든 잘 안다고 생각하는 영역일수록 이미 몸에 배인 나쁜 습관 때문에 교정하기가 힘들다.

이런 영역은 학교의 시험 영역에 큰 영향을 주는 부분이 아니어서 신경을 써서 고치려고 하지 않는다. 수업시간에 귀로 강의를 듣는 것과 실제 학생이 발표를 통해 말하는 것은 전혀 다르다는 것을 알지만 그리 중요한 것이라고 생각하지 않기 때문이다.

듣기와 말하기 능력은 초등 국어에서 매우 중요한 기초이다. 가정에서 또는 일상생활에서 다른 사람의 의견을 귀 기울여 경청하고 자신의 의견을 또박또박 말하는 습관을 갖추는 것이 필요하다. 자신의 의견을 잘 들어주는 사람이 있다는 인식을 하게 되면 초등학생은 주의를 기울여 자신감을 가지고 말하는 건강한 습관이 형성된다. 이런 반복적인 생활 습관에서 국어의 듣기와 말하기 영역이 자연스럽게 발달할 수 있다.

읽기와 문학

초등학교 국어에서 가장 중요한 것은 독서와 이해력이다. 글의 길이나 문학 또는 비문학 상관없이 학생이 읽은 문장과 의미를 파악하는 지가 핵심이다. 모두 알고 있듯이 '독서'가 해결 방안이다. 하지만 어떻게 독서를 하느냐가 중요하다. 단순하게 글자를 읽어 내려가는 것이 독서인 것은 아니다. 읽고 그 의미를 이해해야 한다.

읽기 영역의 역량을 향상시키기 위해서 흥미위주의 독서를 하는 것은 필요하다. 흥미와 재미가 없는 책이나 글을 아이들이 읽으려고 하지 않는다. 따라서 동화이든 그림책이든 어린이 문학이든 고전이든 아이의 흥미와 관심, 독서 취향을 존중해 주어야 한다.

독서의 습관이 생긴 후에는 글의 내용을 정확하게 이해했는지 파악한다. 국어는 외국어처럼 어휘 공부가 중요하다. 글의 의미를 이해하려면 읽고 쓰는 것 뿐 아니라 어휘력 실력이 반드시 필요하다. 모르는 단어는 앞뒤 맥락에서 뜻을 유추해 보거나, 국어사전을 찾는 훈련을 꾸준하게 반복하여 습관화하는 것이 가장 중요하다. 흥미위주의 독서에서 제대로 책을 읽고 이해를 할 수 있는 독서 습관을 기르는 것이 국어 실력 향상의 핵심이다.

쓰기와 문법

쓰기와 문법 영역은 학생들이 가장 부담스러워하는 부분이다. 쓰기는 다양한 주제로 자신이 생각하는 것을 여러 가지 방식으로 직접 써보는 것이 좋다. 형식에 얽매이지 않고 자신의 생각을 있는 그대로 표현하는 것도 효과적인 방법이다. 부모나 선생님에게 지적을 받는 부담이 있어 글쓰기를 피하는 학생들이 많다. 누군가에게 보여주는 글을 쓰는 것은 성인이나 작가의 경우에도 쉽지 않다. 따라서 아이 스스로 글쓰기를 즐기게 될 때까지는 지켜봐 주는 기다림이 필요하다. 일기쓰기는 글쓰기 교육을 위해 가장 보편적으로 사용되는 방법이다. 독서 기록 역시 글쓰기의 힘을 향상시키는 데에 큰 도움이 된다.

맞춤법은 처음부터 연습이 잘 되어야 하는 부분이다. 한 번 굳어지거나 잘못 익히면 고치기 매우 힘들기 때문이다. 독서는 쓰기 영역에 크게 영향을 미친다. 독서를 통해 맞춤법과 바른 문장 형식에 자연스럽게 익숙해지기 때문이다. 국어는 어느 과목보다 가정에서 시작하는 생활 습관이 가장 중요한 과목이다. 평소에 가족들이 지니는 언어 습관과 대화의 방식, 책 읽는 분위기, 서로 소통하고 의논하는 방식 등 언어를 둘러싼 모든 것이 초등학교 국어 역량에 크게 영향을 미친다.

중등 국어 공부

어휘력을 키우라

중학교에 국어 교과서에는 여러 종류의 글을 볼 수 있다. 독서가 부족하다면 지문에 대한 이해가 어려울 수 있다. 중학생 시절은 어휘력에 따른 문제로 국어에 대해 어려움을 호소하는 경우가 늘어나기 시작하는 시기이다. 글의 핵심을 파악하기 힘들어하는 근본적인 이유는 대부분 어휘력 때문이다. 어휘력이 문제라는 원인을 알면서도 학생들은 국어 어휘를 습득하기 위해 사전을 사용하지 않는다. 한국어가 모국어이기 때문이기도 하고 스스로 읽고 쓰기가 가능하다고 생각하기 때문에 영어 단어는 어휘와 그 뜻을 찾아 암기하면서도 국어 어휘는 사전 찾기를 하지 않는다.

길어진 지문, 주제를 파악하라

중학교 때부터 전 과목 지문의 길이가 길어지게 된다. 단번에 글을 읽고서 요점을 파악하고 정리가 되는 지문이라면 문제를 풀이할 때 어려움이 덜하다. 지문을 읽고 문제 풀이할 때 독해력이 부족하여 머릿속에 구조화되지 않는다면 시간 부족이라는 당황스런 상황을 만나게 된다. 따라서 지문 내용을 이해하고 핵심과 주제 파악을 하는 훈련이 필요하다.

글의 종류에 따른 특성을 아는 것도 중요하다. 글의 종류마다 파악해야 하는 부분이 다르기 때문이다. 교과서를 자주 접하며 글의 요점 파악을 하는 일이 중요하다. 모르는 어휘가 등장하면 이를 정리하는 습관을 들여야 한다. 특히 글의 이해를 돕는 배경 지식도 중요하다. 방대한 다른 책들을 읽는 것보다 국어 교과서와 관련된 것을 읽는 교과 연계 독서를 권한다.

국어공부에도 시간을 투자하라

국어는 다른 과목과 달리 빠른 시간에 암기하거나 문제 풀이로 해결할 수 있는 과목이 아니다. 모국어라는 장점을 자신의 약점으로 만드는 실수를 하지 말아야 한다. 국어 실력을 향상시키려면 수학이나 영어와 같은 과목처럼 매일 적어도 30~40분 정도 국어공부 시간을 확보하여야 한다. 중학교 국어 교과서는 각 학교마다 출판사가 다르다. 해당 출판사의 자습서나 평가문제집을 준비하는 것이 좋다.

인터넷강의가 전부가 아니다

요즘 중고등학생들의 학습에 가장 많이 사용되는 것이 인터넷강의이다. 인터넷강의는 좋은 학습 도구이지만 의외로 학생들이 시간만 보내는 경우가 많다. 교재를 읽어보지도 않고 학교나 학원 수업처럼 귀로 듣기만 하면 강의를 듣는 것은 별로 도움이 되지 않는다. 기본적으로 교과서나 강의교재를 읽어 보아야 한다. 이해가 되지 않는 부분은 표시해 놓고 기회가 된다면 선생님에게 질문을 하는 것도 좋은 방법이다. 만약 학원을 다니는 경우라면 과제를 성실하게 해 나가는 것만으로 실력 향상에 도움이 된다. 과제를 하는 습관을 형성하는 과정에서 부모님의 체크가 의외로 도움이 된다.

개념을 제대로 습득하라

중등 국어에서는 암기만으로 해결되는 부분이 많다. 하지만 각 영역에서 개념을 잘 정리하지 못하고 고등학교에 진학을 하면 고충을 겪을 수 있다. 수능형 사고를 바탕으로 한 사고력을 발휘하여야 해결하는 경우를 마주하게 되기 때문이다. 따라서 각 영역마다 주요 개념을 이해하는 일이 우선되어야 한다.

고등 국어 공부

고등학교 국어에서 내신 공부와 수능 공부는 매우 밀접하다. 내신 공부는 수능을 배제하고서 전혀 다른 유형을 공부하는 것이 아니다. 따라서 내신과 수능을 따로 준비하는 것이 아님을 기억하고 차근차근 학습을 하는 것이 필요하다. 고등학교 과정은 중학교에서 기본 학습 준비로 쌓은 실력을 실전으로 바꾸는 단계이기도 하다. 그간 정리한

각 영역의 개념을 적용시키는 단계라고 할 수 있다.

주제를 발견하라

고등학교 국어에서 주제를 발견하는 일이 가장 중요하다. 주어진 지문에서 핵심 주제를 찾는 연습이 필요하다. 문제 풀이를 할 때 주제와 연관되지 않은 문제는 없기 때문이다. 기본적인 훈련이 없이 문제만 풀려고 하는 태도는 모래 위에 성을 쌓는 작업과도 같다. 먼저 각 문단에서 하나의 문장으로 요약하는 방식으로 주제를 찾는 연습을 반복적으로 훈련하여야 한다. 그리고 글의 길이를 점점 늘려가면서 전체 지문에서 핵심 주제를 찾는 것을 연습한다. 국어에서 가장 기본이 되는 것은 어휘력이다. 주제를 찾는 연습에서 핵심은 어휘력이라고 말해도 과언이 아니다. 키워드가 되는 어휘와 문장을 발견하는 것이 주제 발견에서 가장 중요하다.

신문 읽기는 비문학 정복의 지름길

신문 기사를 읽으면 국어 능력을 크게 향상시킬 수 있다. 신문의 뉴스 읽기는 자기주도학습법의 성격을 지니고 있다. 그 방법은 어렵지 않다. 다양한 뉴스를 검색하여 헤드라인을 보고서 그 중에 관심 있는 기사를 선택한다. 기사를 읽으면서 무엇을 말하고 주장하는지 그 핵심을 파악한다. 모르는 어휘는 찾아서 정리한다. 만일 주제 찾기가 쉽지 않다면 어휘를 먼저 사전에서 찾아 글을 이해하여야 한다. 글의 내용을 이해하면 주제 찾는 일이 훨씬 수월해진다. 특히 이러한 신문 읽기 방법은 비문학 공부에 큰 도움이 된다. 비문학 지문에서 이 방법을 연습하면 비문학은 어렵지 않게 해결할 수 있는 경우가 많다.

신문 읽기와 글쓰기, 그리고 토론하기의 힘

신문 기사에서 알게 된 지식을 노트에 정리하거나 관련된 자료를 조사해서 자기 방식으로 간단한 기사를 써볼 수도 있다. 이는 글쓰기 훈련이 된다. 이러한 작업은 학생의 수행평가와 심화학습에도 큰 도움이 된다. 기사를 재구성하여 글쓰기를 지속하면 글쓰기 실력이 크게 향상된다. 문법적인 오류는 글쓰기 훈련이 지속되면서 조금씩 첨삭을 받으면 된다. 처음부터 곧바로 첨삭을 많이 받으면 역효과가 생기는 경우가 대부분이다. 그렇지 않아도 글쓰기에 자신이 없는데 첨삭을 통해 온갖 지적을 받으면 글쓰기 의욕을 떨어뜨리는 의외의 결과가 생겨나기 때문이다.

오히려 자기 손으로 쓴 글을 입으로 발표하는 방식으로 바꾸어 설명하는 것은 좋은 대안이 된다. 이는 글쓰기와 발표가 결합된 또 다른 경험이 되기 때문이다. 발표 과정에서 함께 발표한 글이나 주제에 대해 토론을 하게 되면 발표력이 자라난다. 아울러 토론하는 과정에서 스스로 논리적 오류를 발견하고 이를 수정하며 내용을 보충하게 된다. 따라서 신문 뉴스를 읽고 쓰고 토론하는 작업은 매우 효과적이다. 신문은 정치, 경제, 사회, 문화, 과학, 예술 등 다양한 영역의 주제를 다루므로 이를 골고루 읽고 주제 찾기를 연습하기에는 최고의 교재라고 할 수 있다.

수능 국어시험, 시간이 부족하다?

수능에서 국어는 1교시 과목이다. 국어시험 결과에 따라 그날 하루의 모든 과목의 성패가 좌우되기도 한다. 평소 시험에 부담을 느끼는 성향을 가진 수험생이라면 국어에 대한 준비를 더욱 철저히 해야 한다. 학생들이 수능 국어에서 봉착하는 가장 큰 문제는 시간 부족이다. 시간 부족으로 미처 문제를 다 풀지 못하거나 답안지 체크를 못했다는 안타까운 사연들이 흔히 들려온다. 여기서 시간 부족이란 주어진 시간이 적다는 것을 뜻하지 않는다. 시간이 부족하게 느껴지는 것은 글을 읽는 속도보다는 사고하는 능력의 속도와 관련된다. 글을 빨리 읽으면서도 내용을 이해하고 파악하는 능력이 시간 부족을 해결하는 관건이다. 즉 특별한 비법이 없다. 중학교 때부터 지문을 읽고 머릿속에 구조화하는 반복연습을 하는 것이 최선의 해법이라고 생각한다. 자신의 읽기 습관을 점검하라. 그리고 정확한 이해를 기반으로 사고를 확장시켜 나가라.

내신 국어시험 준비

고등학교 내신 국어시험의 범위는 중학교 때와 비교도 안 되게 광범위하다. 게다가 다른 과목들도 공부해야 한다. 어떻게 해야 할까? 먼저 시험 범위에 해당하는 내용을 개관적으로 살펴 본 후 꼼꼼하게 학습하는 준비를 하여야 한다. 그리고 각 작품들을 이해하는 것이 중요하다. 본문에 대한 확실한 이해를 바탕으로 그간 자신이 자주 틀리는 문제를 분석하여 그 부분의 개념을 재확인하는 과정이 매우 중요하다. 문제 풀이 방식으로 공부하는 학생은 오답 분석의 중요성을 기억하기 바란다. 오답 분석은 냉정하고 철저하게 하여야 한다. 다시는 그 실수를 반복하지 않기 위하여. 개념 확인 문제에서 고난이도 문제를 단계적으로 연습하여 시험 범위 이외에 처음 보게 되는 지문을 대비해야 한다.

독해력과 사고력을 함양하라

국어는 감으로 풀 수 있는 과목이 아니다. 국어는 논리적이고 분명한 영역이다. 국어는 말이고 말은 논리를 바탕으로 조직되어 있기 때문이다. 수능 문제는 제시하는 지문이나 자료 속에 글의 주제를 뒷받침하는 근거를 바탕으로 출제된다. 따라서 지문 속에서 선택지의 근거를 제대로 찾고 푸는 감각과 요령이 필요하다. 국어는 각 어휘의 개념을 정확히 이해하고 문장의 연계를 파악하며 논리적으로 지문을 읽으며 공부해야 한다. 국어는 암기 과목이 아니다. 국어는 독해력과 사고력을 평가하는 과목이다. 국어 공부의 핵심은 독해력과 사고력을 함양시키는데 두어야한다. 즉 암기는 최소화하고, 논리적으로 문장을 이해하는 능력을 키우는데 집중해야 한다.

나의 말하기와 경청 방법을 주목하라

정확한 학습 방법이 없이 공부를 하게 되면 어느 순간 국어 과목을 어렵다고 생각하고 한계를 느껴 흥미를 잃게 되는 경우조차 있다. 하지만 누구나 조금만 주의를 기울이면 국어를 즐겁게 공부할 수 있다. 특히 이야기를 조리 있게 잘 전달하거나 다른 사람의 이야기를 귀 기울여 경청하는 자세를 갖고 있다면 국어를 잘 할 수 있는 자세를 갖춘 것이라고 할 수 있다. 평소에 일목요연하게 논리적으로 말하는 방식을 실천하고, 다른 사람들이 하는 이야기의 요지가 무엇인지 파악하는 마음으로 경청하는 것 역시 매우 효과적인 국어공부가 된다. 조금만 열린 마음을 가지고 노력하면 의외로 국어를 재미있게 공부할 수 있다는 사실을 기억하기 바란다.

초등영어 원서독서부터 수능영어 1등급까지 잡는, 영어독해계통도

이혜은

"""

초등 학부모님들과 상담을 하면 자녀들의 영어 실력에 대해 기대하는 공통적인 수준이 있다. 그것은 자녀가 '헤리포터' 수준의 영어 원서를 들고 다니면서 자유롭게 읽고, 느낀 소감을 영어로 막힘없이 말할 수 있고, 영어 독서 기록을 줄줄 쓰게 되면 좋겠다는 것이다. 나는 그런 기대감과 꿈을 가진 부모님들에게 질문을 던진다.

"부모님의 아이들은 한글 책을 그렇게 읽고 말하고 쓰는 것을 즐기고 있나요?"

대답이 한결같다. 100명 중 90명의 학생들이 한글책 역시 읽기를 싫어한다는 것이다.

대한민국 영어독해, 최종 목적지는 어디일까

먼저 수능영어 시험문제의 구성을 살펴보자. 아래의 표를 살펴보라.

수능영어 시험문제 틀구성 (년도에 따라 약간의 변화는 있음)

문제번호	문제 유형	난이도
1~17번	영어듣기	쉬운 편
18~24번	주제, 주장, 제목, 요지 등	쉬운 편
25~30번	어법, 어휘, 도표, 내용일치/불일치 등	쉬운 편인데, 난이도가 높은 문제가 1~2 문제 정도 나옴
31~40번	빈칸 추론, 문장삽입, 문장순서 등	대체적으로 어려운 편
41~45번	장문독해	쉬운 편

토플(TOFLE) 독해 문제의 유형을 분석 해보면 단어의 뜻을 물어보는 문제, 지문을 읽고 일치/불일치를 묻는 문제, 지문을 요약하는 문제, 문단 안에 해당 문장이 들어갈 곳을 묻는 문제 등이 공통으로 나온다.

초등과 중등, 그리고 고등 영어독해 교재 구성을 살펴보면 대부분 수능과 토플의 문제 유형의 틀 안에 있는 문제들을 묻고 있다. 단지 단어가 조금 더 쉽고, 문장이 좀 짧을 뿐이다. 문제의 유형이나 질문을 던지는 방식에는 일정한 패턴이 있다.

국어 잘하는 아이가 영어도 잘한다

수능영어를 오랫동안 가르쳐본 영어전문가들이 공통적으로 이야기하는 것이 있다. 그것은 '수능 영어는 수능 국어의 쉬운 버전이다'는 것이다. 수능 영어는 외국어인 영어로 되어 있다는 차이가 있을 뿐, 난이도는 오히려 국어보다 쉽다는 것이다.

문제는 바로 여기에 있다. 한글로 된 책 읽기와 국어조차 익숙하지 않은데 영어를 잘 하기를 바라는 기대는 모순이라는 것이다. 모국어로 책을 읽고, 읽은 내용에 대한 정보와 느낀 점을 말과 글로 표현하는 것을 싫어하거나 익숙하지 않은 아이가 어떻게 영어원서 독서를 즐길 수 있을까?

한때 영어유치원이 유행하였다. 영어 유치원을 보내어 아이가 국어로 글을 쓰고 말을 하는 데는 서투른데 영어로 읽고 말하는 것이 더 유창하면 부러워하던 시절이 있었다. 유학과 해외 어학연수 붐이 한참이던 시절 이런 일이 있었다. 1년 정도 해외 어학연수를 갔다온 어린 학생이 어떤 상황에서 영어단어는 생각이 나는데, 국어단어가 잘 생각나지 않아서 "Well, Well..."을 반복하였다. 그런 모습을 지켜보면서 해외생활 1년 정도만 하면 다 저렇게 되는가 보다 하고 사람들이 속아 넘어갔었다. 영어를 잘해서가 아니라, 국어를 못해서 쩔쩔 매고 있는 모습이었을 뿐이다.

이제는 국어도 잘하고 영어도 잘하는 인재가 제대로 대우를 받는 시대이다. 즉 모국어로 정보와 지식을 잘 처리하고, 사고 역량까지 탄탄한 아이들이 외국어를 배우면 그 실력이 그대로 이어진다는 사실을 모두가 알게 된 것이다. 기본적인 공부 역량과 모국어의 힘을 제대로 갖춘 인재가 더 큰 세상에 대한민국의 저력을 펼치고자 할 때 외국어의 힘이 날개를 달아주는 시대가 온 것이다.

이제 큰 틀을 먼저 이해했으니 초등영어 원서독서부터 수능영어까지 어떻게 독해를 이어가는지에 대해 살펴보자.

초등과정 원서독서의 목적은 독서력을 키우는 것이다

원서독서의 시작은 무조건 흥미 있고 재미있어야 한다. 초등 아이들이 원서독서를 할 때 초등 3학년 친구가 초등 5,6학년 권장 도서를 줄줄 읽을 줄 안다는 것이 큰 의미가 있을까? 초등 5학년의 오빠가 초등 3학년 동생의 책을 너무나 재미있게 읽는다면 그것은 큰 문제일까? 특히 초등 저학년의 독서지도에서의 가장 큰 실수가 이것이다. 부모나 선생의 과도한 욕심으로 아이들의 독서에 대한 흥미를 망치는 경우이다. 나는 이런 비극을 너무나 많이 보아왔다. 초등학생들에게 독서는 즐거운 놀이와 흥미 있는 경험이 되는 것이 좋다.

초등 원서독서의 목적은 크게 세 가지이다

첫째, 흥미를 가지게 되어 더 읽고 싶은 마음이 들도록 하는 것

둘째, 상상력을 키우는 것이다

셋째, 느끼는 것이다

초등 원서독서는 어떻게 해야 할까? 필자가 초등 원서독서법으로 추천하는 것은 초등 저학년은 〈상상독서법〉 그리고 초등 고학년은 〈질문독서법〉이다.

초등저학년의 〈상상 독서법〉은 귀로 책을 읽는 것이다.

아이들이 글을 읽을 줄 알게 되면서 부모님, 선생님들은 아이에게 스스로 책을 읽도록 지도를 한다. 하지만 글밥이 많아질수록, 모르는 어휘가 많아질수록 읽는 일이 어려워진다. 자연스럽게 이야기를 유추해서 읽을 수 있는 부분에 한계가 오기 시작하는 것이다. 그때부터 독서가 흥미가 아니라 공부가 되기 시작하는 것이다.

특히 부모들이 자녀와 함께 원서를 읽는 일은 매우 중요하다. 그런데도 부모들은 책 읽어주기를 주저한다. 일상이 바쁘고 마음의 여유가 없기 때문이기도 하고, 자신의 능숙하지 못한 영어발음을 걱정하여서 그런 경우도 있다. 요즘은 SNS 매체에 드라마보다 더 재미있게 책을 읽어주는 좋은 자료들이 많아서 충분히 활용할 수 있다. 무엇보다도 부모와의 정서적 유대 가운데 함께 책을 읽는 시간은 아이들에게 행복한 시간일 뿐 아니라 독서의 강력한 동기부여가 되기도 한다.

귀로 책을 읽으면, 아이들은 한층 편안하게 스토리를 들을 수 있고, 모르는 단어가 나와도 스트레스 없이 마음껏 혼자 이야기를 지어내면서 듣는다. 독서의 목적이 정확한 해석이 아니라는 점을 기억하기 바란다. 책에 담겨있는 스토리를 꼭 그대로 이해하지 않는 것이 큰 문제일까? 다르게 이해하고 상상할 수도 있다. 아이가 읽기를 하면서 텍스트(Text)와 다른 이야기를 상상하고 흥미를 느꼈다면 그것 또한 독서의 매력이다.

독서 실력이 성장하면서 예전에 읽었던 책을 다시 읽어보는 경우가 있다. 다시 책을 읽으면서 그 책에 담긴 이야기를 전체적으로 이해하게 되는 경우도 있다. 이것이 읽기능력 성장의 즐거움이다. 이는 어른이나 젊은이나 한글독서를 하는 사람이면 한 번씩 겪었던 경험일 것이다.

초등 고학년 이상의 원서독서 방법은 〈질문 독서법〉이 적절하다.

단 한권의 책을 읽더라도 적절한 질문을 던지면 독해력이 크게 자란다. 이런 질문들을 던질 수 있다 : 이 책의 저자가 누구인가? 이야기의 전개 과정 속에서 주인공이 왜 그렇게 말했을까? 어떤 모험을 했는가? 내가 주인공이라면 어떻게 할까? 책을 다 읽고 난후 어떤 느낌인가? 이 책을 친구에게 추천해주고 싶은가? 추천해주고 싶은 이유가 무엇인가? 등등.

이런 다양한 질문은 책을 읽는 아이의 공감을 이끌어내고, 책의 내용을 다시 한 번 기억하고 정리하게 한다. 그리고 자기 생각을 표현하게 한다. 이런 과정이 축적되면 그 아이는 그 어떤 주제(topic)의 글을 읽더라도 그 글 전체를 파악하게 된다. 즉 책의 주제, 담겨있는 주장, 핵심 요지를 파악하는 감각과 역량이 키워지는 것이다. 수능영어의 첫 번째 독해유형의 실력이 독서를 통해 자연스럽게 키워지는 것이다.

모든 학년의 원서독서에 추천하고 싶은 독서법이 있다. 그것은 〈바이링구얼 독서법〉이다.

bilingual reading의 방법은 영어로 된 책과 한글로 된 책을 함께 읽는 방법이다. 즉 원서로 읽은 책의 한글판이 있다면 한글 번역본을 구해서 같이 읽는 것이다. 한글 번역본 책은 리딩스킬(reading skill)을 기르기 위해서 참고하는 것이 아니다. 원서독서의 목적은 정확한 해석을 해내고 정답을 맞히는 것이 아님을 기억해야 한다. 즉 영어 원서의 문장들을 정확하게 이해하고 해석하기 위해 한글판을 읽는 것이 아니다. 이중언어로 독서를 하면 각각 다른 언어의 느낌과 맛을 경험하게 되고, 자신이 잘못 이해한 것을 스스로 발견하고, 새로운 느낌으로 감동을 받고 보다 깊이 생각하게 된다. 영어 책이 한글로 이렇게 번역되는구나, 혹은 한글로 이런 표현이 영어 원서에 원래 이런 식으로 표현이 되어 있구나 등의 느낌만 가지면 된다. 〈이중언어 독서법〉을 꾸준히 하면 언어 감각과 이해력, 그리고 어휘력이 크게 성장한다.

중등과정 〈IBC 신문읽기〉로 독해력을 키우라

중등과정은 두 마리 토끼를 동시에 잡아야 한다. 그 첫째는 영어 수행평가이다. 다양한 정보를 읽고 분석하고, 이를 나의 입과 손으로 즉 말과 글로 출력하는 영어수행평가를 준비하는 표현 스킬을 익혀야 한다. 둘째는 독해력이다. 다양한 독해유형에 대한 시험 스킬을 준비하는 일이다.

중등과정에서는 효과적인 독해실력 성장 공부법은 바로 IBC 신문읽기이다. 그간 꾸준하게 초등 원서 독서를 해 온 학생들에게도 필요한 과정이다. 특히 그 시기의 독서역량 성장의 기회를 놓친 학생들에게도 적극적으로 추천한다.

영어 신문 자료는 직접 인터넷 뉴스를 통해서도 구할 수 있다. 그럴 경우 중요한 것은 이를 출력하여 노트에 붙이거나 파일화하여 읽는 것이 중요하다. 영어 신문을 직접 공부하는 방법은 고등학생들에게도 매우 효과적이고 실용적이다. 필자는 중학생들에게 IBC 신문읽기를 추천한다.

IBC 신문읽기란, 서론(Intro), 본론(Body), 결론(Conclusion)의 신문기사의 글 구조를 의식하면서 읽는 것을 의미한다. 이러한 큰 3개의 글

구조로 이루어진 신문을 읽어가면서 한줄 요약, 핵심요약, 기자가 이 기사를 쓴 이유들을 생각하고 분석하면서 꾸준하게 읽는 것이다. 독자들의 흥미를 짧은 순간에 잡기 위해 신문은 매우 간결하고 명료한 문장으로 되어 있고 전문가가 아니라 일반 시민들이 사용하는 일상의 언어를 사용한다. 특히 정치, 사회, 문화, 예술, 스포츠, 과학, 시사, 상식, 건강 의료 등 다양한 영역의 주제나 어휘를 접할 수 있어 다양한 어휘력이 자연스럽게 확장되는데 큰 도움이 된다.

IBC 신문읽기는 다양한 영어수행평가의 서론 - 본론 - 결론의 논술 글쓰기 준비에도 큰 도움이 된다. 아울러 신문에서 다루는 다양한 토픽에 대한 배경지식, 어휘, 도표 등을 접촉하게 된다. 특히 어떤 주장이나 사실(fact, 팩트)을 명료하고 논리적인 방식으로 입증하는 글이나 기사를 접하고 읽으면서 독해스킬은 더욱 풍족하게 성장한다.

즉, 정확하게 해석하고 행간의 의미를 유추하는 시간이 축적이 되면서 수능의 단락별 요약, 주제, 목적, 내용 일치와 불일치, 빈칸 추론 등의 독해유형 문제 스킬이 자연스럽게 준비되는 것이다.

고등과정의 수능영어 2등급과 1등급의 차이는 결국 문해력의 차이다

문해력(文解力)의 사전적 의미는 '문자를 읽고 쓸 수 있는 일 또는 그러한 일을 할 수 있는 능력'을 말한다. 넓게는 말하기, 듣기, 읽기, 쓰기와 같은 언어의 모든 영역이 가능한 상태를 말한다. 유네스코는 '문해란 다양한 내용에 대한 글과 출판물을 사용하여 정의, 이해, 해석, 창작, 의사 소통, 계산 등을 할 수 있는 능력'이라고 보다 구체적으로 말한다. 따라서 문해력은 글의 정확한 의미 파악을 넘어서서 행간의 의미까지 이해하고 소화하여 자신만의 어휘와 표현으로 말하고 글을 쓰고 또 다른 이해를 만들어내는 능력이라고 말할 수 있다.

오랫동안 수능영어를 지도하는 영어전문가들은 수능영어 3등급에서 2등급으로 넘어가는 경계선에서 3등급과 2등급 학생들 사이의 차이는 바로 '국어력'의 차이에 있다고들 말한다. 특히 2등급의 학생이 1등급으로 진입하는 고비를 넘어서게 하는 힘은 바로 문해력에 달려있다고들 지적한다. 하지만 문해력이란 짧은 기간에 집중적으로 암기하고 공부한다고 길러지는 것이 아니다. 그래서 먼저 자녀를 대학에 보낸 선배 엄마들이 초등 자녀를 둔 후배 엄마들에게 공통적으로 해주는 조언 중에 '독서'가 빠지지 않는다. 독서는 초등과정에서만 하는 것이 아니다. 독서는 지속되어야 하고 점점 발전되어야 한다.

초등 저학년부터 꾸준하게 이어온 멀티 독서법에 의한 독서력이 인문독서로 확장되고, IBC 신문 읽기로 진로진학을 위한 배경지식 확장 및 탐구/연구로 이어진 아이들이 공통적으로 갖추고 있는 실력이 바로 문해력이다. 수능영어 독해문제를 풀어내는 족집게 스킬 훈련은 문해력이나 영어 역량의 성장과 전혀 상관이 없다. 그리고 시험 현장에서 적중하거나 도움이 되는 것도 아니다. 난이도가 높은 문제를 풀어내는 열쇠도 바로 문해력에 달려 있다. 난이도가 상당히 높은 빈칸추론, 문장삽입, 문장흐름 등의 독해유형에 흔들림 없이 실력을 발휘하는 학생들이 공통적으로 갖추고 있는 역량이 바로 문해력인 것이다.

필자가 강조하고자 하는 것은 미리 문해력을 키우기 위해 준비하라는 것이다. 문해력은 저절로 자라나지 않는다. 독서가 바탕이 되어야 하고, 다양한 글들을 읽고 경험해야 한다. 가능하면 초등 중등 과정에서 원서 독서와 IBC 신문읽기를 병행하면 독해력이 탄탄하게 축적되고 확장되어 질 것이다. 문해력의 핵심은 다름 아닌 국어력이다.

수능영어의
그 시작

고성관

,,,,,

    지금껏 나와 함께 공부했던 학생들이 말하곤 했던 오랜 고민들이 있다.

    "수능 영어가 영어인가?"

    "과연 수능식 영어가 인생에 필요한가? 왜 공부를 하는가?"

    "미국인들도 영국인들도 혀를 내두르는 시험이다."

    심지어 내가 좋아하는 타일러(Tyler)는 다음과 같이 말한다.

    "한국 수능 영어는 무슨 말을 하는지 모르겠고 이건 그냥 수학적으로 공식처럼 접근하여 풀어야한다."

    타일러(Tyler)는 서울대학교 대학원 외교학 석사를 마친 미국인 출신 방송연예인으로 한국어를 포함하여 9개 국어에 능통하며, 요즘 세대 젊은이들에게 언어의 천재라는 타이틀로 불리고 있다. 이런 비판이나 조롱 섞인 말들이 다 맞는 말일까? 필자는 이렇게 수학능력시험을 부정하기보다 조금 더 긍정적인 시각에서 접근할 필요가 있다고 생각한다.

수능 영어, 영어 능력에 대한 종합적인 테스트

대학수학능력시험의 영어영역은 영어라는 언어적 도구를 이용하여, 문학과 비문학적인 글을 정해진 시간 내에 읽고, 전달하고자 하는 바를 논리적으로 얼마나 빠르게 파악하는가를 묻고 있다. 수능에서 우리가 보여주어야 하는 것은 우리의 지적 능력이지, 언어 구사 능력 그 자체는 아니다. 문장과 글을 이해하는 수업을 통해 습득하는 것은 논리를 통한 언어적 사고능력이다. 글을 정확하게 읽는 법을 익히고, 글쓴이 혹은 저자가 말하는 논점을 찾아가는 과정인 것이다.

영어 공부의 요체는 인풋(Input)과 아웃풋(Output)의 상호 작용을 이해하는 것이다. 말(회화)에서도, 글(문장과 text)에서도 인풋과 아웃풋은 적절히 섞여있다. 회화에서는 듣기(Input)와 말하기(Output)가 적절히 조화를 이루어야하며, 글에서는 읽기(Input)와 쓰기(Output)가 조화를 이루어야 한다. 수능 영어에서는 듣기와 간접 말하기, 읽기와 간접 글쓰기를 모두 묻고 있다. 즉 수능영어는 영어 능력에 대한 종합적인 테스트인 것이다.

> "안녕하십니까 2021학년도 대학수학능력시험 영어영역 듣기평가 안내방송입니다."

이 방송은 수능현장에서 들려오는 소리이다. 챙겨온 도시락을 먹고 새벽부터 일어나 나른해진 몸을 다시 긴장시키고 70분 동안의 사투를 벌여야 함을 알리는 3교시 영어 영역의 시작 멘트이다. 영어영역은 총 45문항으로, L.C. (Listening Comprehension) 17문항, R.C. (Reading Comprehension) 28문항으로 이루어져있다. 아래 표를 참고하라.

평가영역		문항 수		시험 시간
듣기	듣기	12문항	17문항	25분 이내
	간접 말하기	5문항		
읽기	읽기	21문항	28문항	45분
	간접 쓰기	7문항		
계		45문항		70분

출처: 한국교육과정 평가원

문장이 아니라 글 전체의 대의를 파악하라

L.C. 영역은 실용적인 듣기와 말하기 파트이기에 많은 학생들이 비교적 손쉽게 점수를 획득한다. 문제는 R.C. 영역이다. 이 영역은 대학 공부에 필요한 전문지식을 함양하는데 있어 영어 문장 독해 능력을 평가하는데 주 목적이 있기 때문에 문제의 초점 자체가 글의 논리관계 이해를 통한 전체적인 의미(대의) 파악에 초점을 둔다. 더군다나 전문 용어들이 등장하는데다가 시험의 난이도 조절을 위해 더욱 생소한 단어들이 등장하기도 하여 대의 파악을 더욱 방해한다. 그래서 학생들이 이렇게 말한다.

"선생님, 저는 각각의 문장들은 해석은 다 되는데 글 전체가 무슨 말인지를 모르겠어요. 천천히 다시 읽어봐도 모르겠어요. 제발 도와 주세요."

해법이 있다. 핵심을 뚫어라. 글을 읽고 또 읽으면서 정확하게 해석하는 것보다 중요한 것이 있다. 그것은 화자(話者, 말하는 사람)의 의도를 파악하는 것이다. 영문 독해에서 등장하는 지문은 저자의 의도가 담긴 글이다. 따라서 우리는 의도적으로 글을 읽어야 한다. 화자가 글을 쓴 목적은 명확하다. 무언가를 우리에게 전달하고 싶다는 것이다. 무엇을 전달하겠는가? 그것이 어떤 것에 대한 설명이든, 주장이든, 아니면 심지어 어떤 재미있는 하나의 사건이든, 누군가에 대한 일화이든 화자는 한 가지를 이야기하고자 펜을 들었을 것이다.

여러 친구들이 모인 무리가 대화할 때 어디나 장황하게 설명하기를 좋아하는 친구가 있기 마련이다. 그런 말을 들으면 마지막에 한 친구가 이렇게 묻는다.

"그래서 하고 싶은 말이 뭐냐고?"

"아, 그러니까…"

어떤 설명을 하기도 전에, 또 다시 장황한 이야기가 시작되는 것을 막기 위해 다른 한 친구가 잽싸게 끼어들어 말을 받는다.

"그러니까, 네가 말하고자 하는 핵심은 바로 이러쿵 저러쿵 하다는 거잖아!"

간단하고 명료하게 요약하여 결론을 지어준다. 그런 재치있는 친구가 있으면 대화는 또 원만하게 흘러가게 된다.

이처럼 깔끔한 결론을 잘 정리해주는 필자의 친구는 어렸을 때부터 토론에서 사회자 역할을 하기를 참 좋아했다. 일상적인 대화에서도 장황하고 추상적인 설명을 누군가 하면 말 중간 중간에 정리하고 요약해 준다.

"그러니까 네 말은 이렇다는 거네, 그렇지?"

그 친구의 생산적이면서도 멋진 요약 기술은 특히 내가 수능 국어영역과 영어영역을 공부하는데 있어서 큰 도움을 주었다. 글을 빨리 읽기는 하지만 한 덩어리로 종합하여 이해하는데 능숙하지 못했던 나는 국어영역과 영어영역을 유사한 하나의 영역으로 이해하게 되었고, 언어라는 것이 어떤 식으로 이루어져 있는 지를 먼저 생각하게 되었다.

한 맥락이 끝날 때마다 요약하는 나의 친구처럼, 나는 한 맥락이 끝날 때, 즉 한 문단이 끝날 때마다 간단히 요약하는 공부습관을 지니게 되었고, 그 결과 나는 국어영역과 영어영역에서 쾌거를 이루었다.

핵심은 여기에 있다. '의도적으로 읽고, 너의 말로 요약하라'

그렇다면 어떻게 해야 저자의 의도를 읽을 수 있을까?

POINT 1. 나만의 리딩노트

굳센 의지를 가지고 각성하여 정신을 바짝 차린다고 그 의도가 단번에 발견되는 것이 아니다. 그것은 망상이다. 과정을 바꾸어야 한다. 많은 책을 읽는 것도 중요하지만, 먼저 좋은 책들의 구성을 살펴보라. 좋은 글은 서론 – 본론 – 결론의 구조를 가진다는 것은 누구나 알고 있다. 그런데 일반적으로 수능의 글들은 장문을 제외하고는 한 문단으로 이루어져있다.

이 사실을 아는가? 한 문단은 전체 글의 구조를 마치 미니어처 (miniature, 모형)처럼 닮아있다는 것을. 평소 문장들을 읽고 해석하고 문제를 푸는 것으로 끝내는 것이 아니라, 글마다 그 구조들을 파악하는 것이 중요하다. 장문이라면 문단마다의 연결 구조를 보는 연습이 필요하다.

문제를 풀 때는 문단마다 키워드를 뽑아 간단히 요약하는 연습을 해 보라. 문제를 푼 후에는 나만의 리딩노트에 모르는 단어와 소제목, 주제문을 기록하라. 해석이 안 되는 문장을 반복적으로 읽고 해석하는 연습을 게을리 하지 말라. 그리고 가장 중요한 것은 문단별로 키워드를 찾고 요약을 하여 그것들을 엮어 하나의 글에서 중심적인 논리를 찾아내라는 것이다. 어떤 문단이 전체 글에서 어떤 역할을 하고 있는가, 어떤 이야기를 하기 위해서 어떤 서론으로 시작하는가, 그리고 어떤 예시들을 사용하고 있는가를 파악하다 보면 알게 될 것이다. 즉 수능에 출제되거나 좋은 영문이라고 일컫는 글들의 구조가 매우 닮은 꼴이라는 것을 파악하게 될 것이다.

POINT 2. 글을 공부하라

글은 종이 위에 문자로 기록한 도구이다. 글쓴이의 의도와 마음 혹은 어떤 정보를 글이라는 매개로 전달하는 것이다. 따라서 영어가 아니라 글을 읽어야 한다. 영어는 단지 영어로 된 글을 읽게 하는 도구일 뿐이다. 영어 단어를 열심히 외우고 문법 수업을 열심히 들었는데도 모의고사 성적이 오르지 않는 학생은 먼저 국어에 대한 이해도를 높일 필요가 있다. 기억하라. 영어영역에서 묻고자 하는 것은, 각 영어 단어의 뜻이 아니라, 여러 단어들의 조합으로 이루어진 그 문장을 통해 저자가 전달하고자 하는 바를 빠르게 알아낼 수 있는가 하는 것이다.

"왜 학교 성적으로 우리를 평가하느냐?" 우리는 이런 질문을 던지고는 한다. 그렇다. 성적으로 사람을 평가하거나 차별하는 것은 올바르지 않다. 하지만 성적으로 그 사람의 삶의 태도와 성실성을 평가하는 것은 대부분의 사회의 현실이다.

아주 건실하고 좋은 대기업에서 직원들을 뽑는다고 가정하자. 어떤 기준으로 신입사원을 선택할까? 아무리 학교에서 공부를 잘 한다고 할지라도 사회생활에서는 가장 기초적인 상식들만을 배워온 초짜 새내기일 뿐이다. 누가 더 잘할지, 누가 더 나을지 알 수 없다. 그렇다면 사람들을 분류하고 평가하는 기준은 모두가 공감하는 단순한 기준이어야 한다. 그것은 성실성이다. 과거의 성실성을 보고서 앞으로 이 회사에서 얼마나 성실하게 일할 것인가를 평가할 수밖에 없다. 대학도 마찬가지다. 좋은 인재를 뽑고 싶을 것이다. 그러나 막 고등학교를 졸업한 학생들이 선택한 전공과목 공부를 잘할 수 있는가를 어떻게 알 수 있을까? 물론 학종이나 여러 활동들로 최대한 관련성 있는 학생들을 뽑으려 하겠지만, 전문가가 아니라 사실상 대학공부의 초보자들을 입학시켜 교육하는 것이다. 이 때의 평가요소는 무엇이 되어야할까? 성실성과 열정, 이외에 다른 그 무엇이 있겠는가? 성적은 우리의 성실함과 열정을 보여줄 수 있는 기회이자 가장 쉬운 방법이기도 하다.

영어는 해독할 수 없는 비밀의 언어가 아니다. 조금만 더 성실하게, 그리고 꾸준하게 공부하면 얼마든지 정복할 수 있다. 열정이 필요하다. 너의 열정을 보이라. 그러면 문은 열릴 것이다.

고교 수학 공부의 시작, 고1을 위한 비법과 팁

– 수학 실력은 고1에서 성패가 좌우된다 –

김미원

대부분의 고1 학생들은 중학교 생활과는 현격히 다른 수업 스케줄과 동아리 활동, 각종 수행평가에 많은 스트레스를 받는다. 개학과 동시에 학교에 적응하기도 전에 내신 성적을 관리해야 하고, 중간고사와 기말고사를 끝내면 또 다른 수행평가와 각종 교내 경시, 경진 대회에 참여하는 경우도 많다. 하지만 학생부종합에 유리한 활동들을 챙기는 여러 비교과 활동에 치중하다가 과목별 내신의 중요성을 놓치면 안된다. '교과를 이기는 비교과는 없다'는 말이 바로 여기에서 나왔다.

계산 실수로 등급 컷이 갈라진다

고1 1학기에 배우는 〈수학 상〉은 책 한 권의 절반은 중간고사 범위에 해당되고, 나머지 절반은 기말고사 시험범위에 해당된다. 많은 학생들이 중3 겨울방학 때부터 〈수학 상〉을 2~3번 되풀이 하여 공부하므로 누구든 고교 수학을 따라잡을 수 있다. 즉 고1에서 다루는 초기의 수학시험 범위는 미리 공부했으므로 출발이 어렵지 않게 된다. 하지만 막상 1학기 중간고사와 기말고사를 치르면 등급 컷이 크게 나누어진다. 대부분 계산 실수 때문이다. 그러므로 난이도 높은 문제를 붙잡고 열중하다가 단순한 계산실수로 점수를 놓치는 우를 범하지 말아야 한다. 꼼꼼하고 정확하게 계산하는 습관을 붙이는 것이 중요하다.

예비고1 겨울방학을 놓치지 말라

〈수학 하〉가 문제다. 여기에서 수학 역량이 갈라지는 경우가 많다. 〈수학 하〉는 2학기부터 시작한다. 그런데 겨우 2-3주 남짓한 여름 방학 기간 동안 〈수학 하〉의 진도를 다 공부하기에는 시간이 너무 짧다. 게다가 여름휴가와 더위로 학생들의 수업 의욕이 많이 꺾여 있어서 책을 붙잡아도 수업 효과가 적은 경우가 많다.

그래서 예비고1이 되는 12~2월에 〈수학 하〉를 미리 봐 두라고 권한다. 만일 8~9월에 〈수학 하〉를 처음 공부하게 되면 물리적인 시간의 부족함을 느끼게 되고, 내신 준비를 위해 다른 여러 과목들도 챙겨야 하는데 수학만 붙잡고 있을 수 없다. 그래서 조금씩 수학 수업에 대한 부담감을 느끼면서 자꾸 위축되게 된다. 그리고 수학 점수가 자신의 모든 점수의 평균을 까먹는 주범임을 발견하게 된다. 많은 학생들이 수학을 포기하기도 한다.

또한 중3에서 〈수학 상〉과 〈수학 하〉를 미리 끝내고 확률과 통계, 수학 1과 수학 2까지 미리 마무리하는 상위 학생들도 제법 있다. 따라서 예비고1이 되는 겨울방학에 최소한 〈수학 상〉과 〈수학 하〉를 공부하라고 권유하게 된다.

중3 때 배운 연관단원들을 간단히 훑어보라

고교 수학을 공부하기 전에 전에 중3 때 배운 연관 단원들을 한번 훑어보는 것도 좋다. 예를 들어 〈수학 상〉의 복소수단원을 배울 때 중3-1의 제곱근의 뜻과 성질, 무리수와 실수, 근호를 포함한 식 계산 등의 단원을 펼쳐보라. 또한 〈수학 상〉의 다항식의 연산, 항등식과 나머지 정리, 인수분해 단원은 중 3-1의 다항식의 곱셈, 다항식의 인수분해, 인수분해공식의 활용과 직접 연관이 있다. 수학이라는 학문은 개념을 지속적으로 확장하고 일반화하는 과정을 연속하기 때문에, 연관 단원의 큰 줄기를 파악하면 수학의 계통을 쉽게 이해할 수 있다. 중학교 수학의 기초가 부족하더라도 결코 늦지 않다. 보충하여 기초부터 공부를 시작하는 것이 필요하다.

오답노트에 과도한 시간을 들이지 말라

수학 문제를 풀다가 오답노트를 정리하게 되는 경우 시간을 관리하는 지혜가 필요하다. 문제를 잘라 붙이거나 다시 손으로 옮겨 쓰거나 하는 과정에 너무 많은 시간을 빼앗기지 말라. 오답노트는 수학공부에서 필요하고 요긴하기도 하다. 그러나 노트 작성에 시간을 다 빼앗기고 정작 실력을 키우지 못한다면 어리석은 것이다.

중하위의 성적을 받는 학생의 경우 의외로 틀린 문제들이 많다. 오답노트에 정리할 것들이 결코 적지 않다. 그래서 오답노트를 만들면서 정작 '왜 이 문제를 틀렸을까?'에 대한 질문을 던지며 해법을 찾기보다 온갖 색깔들의 펜으로 오답노트를 채우는데 열중하며 시간을 허비한다. 그런 습관은 최악이다. 예쁜 노트를 보면서 자신의 마음을 위로하고 뿌듯함을 느끼는 것은 수학공부의 목적이 아니다.

시간을 관리하는 지혜를 가지라. 문제지의 틀린 문항의 번호 위에 간단한 메모를 하는 방법이 있다. 그 문제를 틀린 이유에 대한 기호를 표시하거나 간단히 기록하여 사소한 시간을 절약하라. 중요한 점은 그 문제를 틀린 이유가 문제를 잘못 읽어서인지, 개념이해가 부족한지, 계산실수 인지 등을 명확히 표시해야 한다.

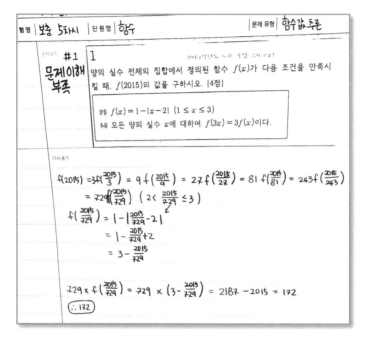

〈문제지에 오답 체크하는 방법〉

바른 글씨체를 연습하고 연습하라

수학 공부에는 바른 글씨체가 중요하다. 수학 문제를 풀거나 공식을 정리하면서 바른 글씨체를 사용하는 습관을 들여야 한다. 서술형 문제의 경우 숫자나 기호를 명확하게 쓰지 않아 감점되는 경우가 의외로 많다. 시험을 치를 때에도 마음이 급한 나머지 자신이 쓴 숫자를 자신이 잘못 보고 답안지에 엉뚱한 숫자를 옮겨 적는 경우가 종종 있다.

초등학교 수학의 경우에는 머릿속의 암산만으로, 중학교 수학의 경우에도 그리 길지 않은 문제풀이를 하게 된다. 고교 수학은 다르다. 주어진 시간에 제법 긴 풀이 과정을 담은 문제들을 풀어야 한다. 그래서 기호와 숫

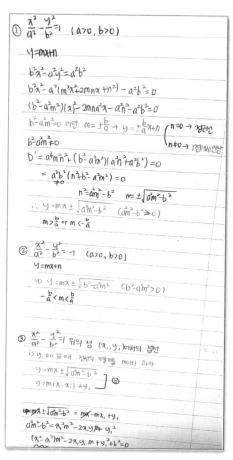

〈바른 글씨체의 사례〉

자를 잘못 적거나 모호하게 기록하여 많은 실수가 발생한다. 수학은 정확한 습관이 중요하다. 오류를 줄여나가야 한다. 숫자와 기호, 그리고 그 풀이 과정을 단정하게 쓰는 연습을 평상시에 하는 것이 좋다.

고등부 엄마를 위한 팁

자녀가 공부하기 싫다고 할 때 아무런 기약도 없이 다시 공부를 하겠다고 할 때까지 기다리는 일이란 참으로 힘든 일이다. 이러다가 공부를 할 시기를 놓치지는 않을지, 다른 아이들의 공부 진도를 따라 갈 수 있을지 막연한 걱정이 엄습한다. 하지만, 내 자녀가 평소 자신의 일을 책임감 있게 하거나 자신의 의견 및 생각을 근거 있게 주장하는 경우라면 잠시 아이의 의견에 따라 주는 것도 방법이다. 심지 깊은 엄마들은 다른 아이들의 학습 진도에 신경 쓰지 않고, 주변 엄마들의 의견도 잠시 못 들은 척 할 줄 안다. 자녀를 닦달하거나 다른 엄마들의 자녀와 비교하기보다 오히려 자신을 위하여 종교생활이나 봉사활동, 또는 파트타임 일이라도 하는 것이 자신의 정서나 건강에도 도움이 된다.

열심히 공부해서 성적 향상은 되었는데, 등급은 여전히 그대로인 경우가 있다. 아이의 등급이 그 등급의 앞부분인지 끝자락에 있는지는 확인이 필요하다. 약간의 점수로 등급 향상이 가능할지 혹은 상당한 점수 향상이 있어도 같은 등급에 머무를 것인지 알면 정확한 공부 계획을 세울 수 있다. 즉 몇 점 정도를 올리면 등급 향상이 될지를 알아야 좋은 전략을 세울 수 있다.

＊이 비법과 팁의 배경이 되는 이야기가 김미원 선생님의 상담사례 〈고1 수포자 7등급, 내신 1등급 만들기〉에 "가 이 책의 제1부에 담겨있으니 읽어보라.

사회공부 레벨 업을 위한 실전 비법

이수미

,,,,,

사회과목은 조상들의 생활상과 그 시대의 시간과 공간을 둘러싼 삶의 양식과 사회상을 학습하는 과목이다. 그 모습을 통해 오늘날 우리 삶을 조명하고 우리가 어떻게 살아가야 하는지를 배울 수 있다. 또한 인구문제, 도시문제, 환경문제 등 여러 문제점을 되돌아보고 좀 더 발전적으로 나아갈 수 있는 지혜를 키울 수 있다. 나아가 미래를 예측할 수 있는 혜안을 기르고 다시는 과거의 실수를 되풀이하지 않는 지혜를 터득하게 한다. 이러한 지식을 바탕으로 사회적 존재로서 우리들이 갖추어야 할 예의와 인성을 가르쳐 준다.

사회과목을 어떻게 공부하면 좋을까? 그 효율적인 방법의 핵심만 추려서 살펴보자.

목차를 살피고 암기하라

사회과목 특히 국사는 시공간적 흐름을 이해하는 과목이다. 전체 구조 속 목차간의 관계를 파악하는 것이 중요하다. 그러므로 소제목과 그림, 지도, 도표 등을 관찰하고 머릿속에 기억하고 암기한다.

소제목에 '왜 (WHY?)' 라는 질문을 하고 그 질문에 답을 찾아본다

소제목을 잘 정리하고 이해하면 사회과목은 수월하게 정복할 수 있다. 소제목 옆에 '왜?' 라는 질문을 던지면서 정답에 해당하는 부분을 형광펜으로 표시하고, 모르는 부분이나 중요한 부분은 다른 색깔의 펜으로 구별하여 표시해 둔다. 예를 들면, '시험출제 예상문제'를 의미하는 별표 세 개(☆☆☆)로 표시하는 방법으로 한다.

핵심어와 개념어에는 각각 다른 표시를 해둔다

교과서나 참고서의 본문에 중요한 키워드나 개념어를 자신만이 알 수 있는 기호(#, −, *, ? 등)을 표시한다. 복습과 암기에 매우 중요한 기술이다.

모르는 단어는 번호를 붙이라

모르는 단어에 번호를 붙이면 어느 하나도 놓치지 않고 이해하려고 노력하게 된다. 그리고 그 뜻을 찾아 여백에 따로 정리하여 기록하고 암기한다. 이때 교과서를 활용한다.

머릿속에 그림을 그리면서 글을 읽는다

이것은 무작정 외우는 것보다 훨씬 기억에 오래 남는다. 왕의 계보나 역사 내용을 짜임새 있게 그려 외우면 금방 외워질 뿐 아니라 시대도 확실하게 구분할 수 있다. 그림을 이용해 시각적으로 구조화하는 방법 중 하나가 바로 읽을 내용을 그림으로 표현하는 매핑(mapping) 방법이다. 인터넷 검색을 하면 간결하고 실용적인 매핑 정보들이 있다.

사회 및 암기과목은 가급적 학교에서 복습하라

국어, 영어, 수학 과목을 끝내기 전에는 사회과목은 간단한 복습만 하면 된다. 주요 과목을 끝낸 후에 암기 과목을 시작하는 것이 지혜다. 수업의 쉬는 시간을 이용하며, 그날 그날 복습하는 것이 가장 경제적이다.

사회 노트 필기법

사회과목의 특성상 외워야 할 내용이 의외로 많다. 그렇다고 해서 전체적인 개념을 이해하지 않고 무조건 외우기만 한다면 쉽게 외워지지 않는다. 그러므로 전체적인 틀을 먼저 작성하는 것이 좋다. 이를 작성할 때 도움이 되는 기술은 앞서 언급한 마인드 맵과 같은 시각적인 방법이다. 사람의 뇌는 좌뇌와 우뇌로 나뉜다. 좌뇌는 언어나 수학을 담당하고 논리적이며 이성을 담당하고 분석적인 일을 한다. 우뇌는 주로 감성부분과 인간관계를 담당하고 창의적인 일을 한다. 문제는 처리속도가 매우 빠른 우뇌를 좌뇌가 정리하고 따라가는데 한계가 있다는 것이다. 그리고 이런 한계를 보완할 수 있는 것이 바로 마인드 맵이다.

마인드 맵은 전체 구조 속에서 목차 관계를 그려 보는 방법이 가장 중요하다. 주요 내용은 기둥이나 큰 가지로, 세부내용은 작은 가지로 분류한다. 시험 전날 혹은 시험을 치르기 직전에 매우 유용하다.

교과서 위주로 공부한다

교과서 위주로 공부하는 것이 가장 효과적이다. 국사 관련 과목은 전체적인 흐름을 알아야 하기 때문에 참고서보다는 교과서 읽기가 보다 간결하고 시험대응력도 높다. 교과서에 필기를 하고 밑줄을 긋고 그 밑에 설명을 추가하는 자신만의 방법을 터득하라.

공부는
과학이다

김수정

너에게 O포자의 DNA는 없다

언젠가부터 '수포자'라는 용어가 생겼다. 이후 영포자, 물포자, 국포자 등 'O포자'는 모든 과목에 해당되는 표현들로 확장되었다. 수포자는 '수학을 포기한 자'의 줄임말이다. 초등을 기점으로 중등 고등을 거치면서 쭉 수학을 포기하게 되었다는 뜻을 담고 있다. 수학에 관한 이야기를 할 때면 자주 등장하는 질문이 있다. 미분이나 적분을 몰라도 잘 살 수 있는데 왜 우리는 수학을 공부해야 하는가? 힘들게 배웠던 단원이 사회로 진출하고 나서도 과연 쓸모가 있는가? 수학의 효용성에 대한 이런 질문을 던지면서 수학을 포기하는 것이 이상한 일이 아님을 정당화하기도 한다. 어디 수학과목만 그런가? 심지어 이 모든 과목과 진학 자체를 포기한 자를 지칭하는 '학포자'라는 말도 있다고 한다.

책을 가지고 공부하면서 얼마나 열심히 공부했는지를 알아보는 지표 중의 하나는 책의 갈피에 손때가 얼마나 묻어있는가이다. 책의 모서리 면을 보면 얼마나 까맣게 손때가 묻었는지를 알 수 있고 그 손때는 그 페이지를 많이 봤다는 물리적 증거이기 때문이다.

앞서 언급한 수포자와 손때를 탄 책을 통해 이야기하고자 하는 바는 바로 '기본기'이다. 수포자나 어떤 과목을 포기한 학생은 기본기가 부족하다. 손때 가득한 책들은 그 원리를 터득하고 익혀나간 흔적이라고 할 수 있다.

기본기가 중요하다. 기본 원리를 알지 못하고서는 응용을 할 수 없다. 기초능력을 배양하기 위해 과학에서 강조하는 것이 바로 정의이며 원리다. 원리를 알고 다양한 방법을 확장하게 될 때 응용이 가능하며, 공부에 점점 흥미가 깊어지게 된다. 과학 공부의 원리와 실천적인 방법론에 대해서 함께 살펴보자.

개념부터 잡아라

공부란 건축물과 같다. 건축물은 하루 아침에 완성되지 않는다. 설계로부터 기초공사와 외벽 공사, 그리고 외장 및 인테리어까지 수

많은 공정을 거친다. 만일 기초를 쌓지 않고 중간부터 공사를 감행한다면 건물을 제대로 만들 수 없을 것이다. 설사 외형을 갖춘다고 할지라도 무너지기 십상이다. 예술 작품은 창작의 번뜩이는 영감에 의해 만들어질 수 있겠지만, 건축은 다르다. 설계도 없이 마구잡이로 시작하는 건축물은 그 어디에도 없다. 튼튼한 건축물을 완성하기 위해서는 세밀한 설계도를 바탕으로 하나씩 쌓아올리는 과정이 필요하다.

학교에서 통합과학을 배우면서 물리, 화학, 생명과학, 지구과학에 대한 기본적인 내용을 익히게 된다. 교육과정 상 통합과학은 각 과학별 전공교과에 비해 심화적인 내용은 많지 않은 편이다. 그러므로 교과서를 중심으로 기본 개념을 잘 읽고 이해하는 것이 가장 중요하다.

과학학습은 개념이 절반 이상이라고 해도 과언이 아니다. 과학탐구 과목은 개념과 연관된 공식, 도표, 실험과 이론 등으로 구성되어 있다. 따라서 무조건적인 암기만으로 심화단계로 넘어가기 어렵다. 다양한 용어를 학생 스스로 정의하면서 자기 입으로 설명할 수 있는 수준으로 반복적인 학습을 해야 한다. 개념을 모르고서 단순 암기로 풀 수 있는 문제들을 출제하는 시대는 이제 지나갔다. 과학과목의 기출 문제 경향은 점점 난이도 뿐만 아니라 학습 수준에 대한 변별력을 높이고 있기 때문에 개념 이해가 기반이 되어야 한다. 따라서 기초개념에 대한 설명이 잘 되어 있는 기본 개념서를 선택하여 꼼꼼하게 읽고 이해하는 것이 과학학습의 효과를 높이는 첫 단추이다.

나만의 정리된 개념 노트를 만들어라

학생들이 여러 교과목을 공부하면서 필기노트 하나쯤 없는 경우는 드물 것이다. 모든 과목별로 정리 노트가 필요하다는 것이 당연하게 여겨지겠지만, 특히 과학교과의 경우에는 반드시 자신만의 개념 정리 노트를 꼭 만들어야 한다. 거듭 강조한다. 내 손으로 직접 정리한 개념 노트를 만들어라. 과학 공부가 달라질 것이다.

개념 노트는 기본 개념서를 그대로 필사하기 위해 만드는 노트가 아니다. 교과서를 비롯해 자신이 공부하는 개념서 등의 내용을 스스로 요약 정리하여야 한다. 그 모든 내용을 단권화하기 위해 노트에 기록하는 것이 최선이다. 단권화 노트는 말 그대로 나만의 최종 요약노트이다. 단 한권에 담기 위해 만드는 노트이므로, 교과서에 나온 사례와 그림 자료 등을 간단한 손 그림 형태로 정리하면 장기기억에 효과적이다. 특히 개념과 용어가 기본이 되는 '실험'과 '응용된 실험과정' 등을 직접 자기 손으로 적고 그리고 붙여넣는 작업을 하면 학습의 효과가 크게 증진된다.

교과서의 목차를 이해하고 암기하라

중고등학교에서의 과학은 크게 네 가지의 서로 다른 교과목으로 분류될 수 있지만, 사실 그 모든 영역이 유기적인 연관성을 가지고 있다. '목차암기법'은 사회과학분야에서도 사용되는 효율적인 공부법이기도 하다. 그러나 그 효과는 과학학습에서 훨씬 강력하다. 교과의 목차를 이해하고 암기하면 전체 학습의 맥락을 머릿속에 한꺼번에 담을 수 있게 된다. 이렇게 되면 학습의 전체적 틀을 알고 있는 상태가 되기 때문에, 단편적인 암기의 수준이 아닌 타 교과와의 연결을 가능하게 하는 융합적 사고로 발전할 수 있게 된다.

인강(인터넷 강좌)를 적절하게 수강하라

개념을 읽고 이해하려고 해도 혼자서 파악하기 힘든 경우가 많을 것이다. 그런 경우 과목별 강좌를 수강할 수 있는 인강을 이용하게 된다.

EBS 인강은 고교생에게 무료로 제공될 뿐 아니라, 실력 있는 강사들의 강좌가 교과목별로 잘 구비되어 있다. 자칫 수동적이 될 수 있는 인강을 이용할 때는 그 효율성을 높이는 지혜가 필요하다. 과목별로 강사가 여러 명이기 때문에 이 강사의 강좌를 조금 들어보고 이어서 다른 강사의 수업을 들으러 이동하는 경우가 많다. 그렇게 여러 강좌를 쫓아다니는 메뚜기가 되어서는 안된다. 유료 인강 강좌의 경우 단순히 다른 학생들의 선택만을 따라서 하는 것은 피하는 것이 좋다. 오히려 그 강좌에서 제공하는 교재와 강의방식을 파악하여 자신의 필요에 맞게 강좌를 선택하도록 한다. 단, 선택을 하는 데 너무 많은 시간을 들이는 것은 바람직하지 않다.

자신에게 맞는 강의를 선택했다면, 진도에 따라 집중을 하여야 한다. 강좌별로 강의시간이 긴 편이므로 몇 개의 강좌를 듣다 보면 시간이 휙 지나가버린다. 인강을 들을 때 재생속도를 다소 빠르게 설정한후 듣기를 권한다. 너무 빠른 속도로 설정하면 강사의 설명이 너무 빨라 따라가기 어렵다. 1.2배~ 1.5배 정도의 속도로 강좌를 들으면 무언가 속도감을 느껴 약간의 긴장감이 생기고 보다 집중하는데 도움이된다. 혹 강사의 설명 중에 이해가 잘 되지 않는 부분이 있으면, 원래의 녹화속도를 재생하여 다시 들으면 된다. 이는 인강의 전체적인 수강 시간을 다소 절약하면서 효율적인 공부를 할 수 있는 방법이다. 인강 수강은 학습의 도구이지 듣는 것 자체가 목표가 아니다. 그러므로 강좌를 수강하면서 듣고 배운 내용을 스스로 익히고 기억하여 자신에게 체득된 학습이 되게 하여야 한다.

암기를 기본으로 내용을 이해하라

인문 논술에 비해 과학 논술의 채점은 다소 용이하다. 이는 과학 논술이 말로 풀어 설명을 하지만 그 기본 용어의 사용이나 이론적 내용이 바뀔 수는 없기 때문이다. 국어 교과목의 경우 지문을 읽고 지문의 단락별 중심내용을 정확히 찾아내려면 꾸준한 훈련이 필요하다. 즉 행간의 의미나 전체 의미를 파악하는 감각을 길러야 하기 때문이다.

하지만 과학 교과목은 중심 지식을 잘 알고 있다면 비교적 수월하게 성적을 올릴 수 있다. 국어 교과목처럼 언어적 변환에 의해 문장의 의미나 내용이 달라지지 않기 때문이다. 그래서 과학 교과는 국어 교과에 비해 장기적인 시간을 투자하지 않아도 실력 향상을 맛볼 수 있다. 과학 교과는 암기과목은 아니다. 하지만 암기를 기본으로 하고 그 내용을 이해하는 방식으로 반복 학습을 하게 되면 오랫동안 그 내용을 기억할 수 있게 된다.

다른 사람에게 설명하는 방식으로 공부해보라

말로 설명을 하는 훈련은 통합적 사고를 크게 증진시킨다. 나의 입으로 다른 사람에게 설명을 해보면, 자신이 애매하게 알고 있는 부분은 잘 설명하지 못하게 되고, 정확히 아는 내용을 먼저 말하게 된다.

듣는 사람이 있어 상호간의 피드백을 할 수 있다면 가장 좋다. 하지만 설명을 들어 줄 대상이 없다 해도 걱정할 필요는 없다. 녹음기를 이용하여 자기 입으로 설명하는 것이다. 그러면 녹음한 것을 자기 귀로 다시 들어 볼 수도 있고 복습 효과도 있다.

　자신의 설명을 그대로 받아 적기를 하는 앱을 이용하면 더 효과
적이다. 받아 적기가 된 내용을 다시 살펴보면서 자신의 설명에서 어
떤 것이 보충되어야 하는지 찾아내는 것이 중요하다. 틀린 부분이 있
다면 다시 책을 찾아 학습하고, 자기 입으로 다시 명확히 설명 할 수
있는 수준까지 연습하면 된다. 매우 효과적인 학습법이다.

마구잡이식 문제풀이를 지양하라

　각종 문제집을 사서 많은 문제를 풀려고 하는 학생들이 있다. 과
학 문제를 많이 풀수록 성적이 향상된다고 오해하고 있기 때문이다.
기본 개념을 이해하여 체계를 잡지 않은 상태에서 문제를 많이 풀이
한다고 실력이 향상되지 않는다. 특히 시간이 제한된 상황에서 자료
를 분석하고 해석하는 능력은 일단 기본개념이 학습된 수준에서 가능
하다. 즉, 개념학습을 먼저 제대로 하지 않고, 문제를 풀면서 개념을
익혀가겠다는 방법은 비효율적이다. 문제 풀이식 공부는 오히려 시간
을 낭비하는 길이 될 수 있다.

　문제 풀이를 하다보면 기출문제를 계속 접하게 된다. 일단 여러
책들을 통해 그 문제를 여러 번 접했으므로 선지의 답이 무엇인지 알
게 된다. 선지 답이 무엇인지만을 안 상태에서 문제 풀이를 지속하면,

정답률이 높아지는 착각에 빠지게 되는데, 이것이 실력 저하의 주요 원인이 된다. 문제만 많이 풀어본다고 해서 실력이 향상되는 것이 아님을 반드시 기억해야 한다.

틀린 문제를 유형별로 표시하고 차후에 다시 풀어보라

자신이 세운 학습계획에 맞추어 공부할 교재를 선택하라. 공부할 시간이 충분하지 않은 상황에서 유명하고 인기 있는 문제집이라고 마구 구입하여 쌓아두지 않도록 한다. 교재를 선택하면, 먼저 교재가 담고 있는 문제를 1회 풀이한 후 차후에 2회 풀이를 하도록 계획하라. 문제 풀이를 할 때는 책에 직접 표시하지 않고, 연습지에 풀이를 한 후 답을 맞추어본다. 틀린 문제는 따로 교재의 문제 번호 앞에 브이 (√) 표시를 해둔다. 보통 단원별로 공부를 하게 되므로, 시간이 지난 후 2차 문제 풀이를 하게 되면 브이(√) 표시가 되어 있는 문제부터 풀어서 답을 체크한다.

오답노트를 만드는 것보다 오답 선지를 바꾸는 훈련을 하라

필자는 오답노트 만들기를 추천하는 경우도 있고, 그렇지 않은 경우도 있다. 학생의 특성에 따라 필요 여부를 선택하여 행하는 것이 좋기 때문이다. 필자는 앞서 개념노트를 만들라고 추천하였다. 오답노트이든 개념노트이든 선택하여 만들면 된다. 문제는 서브노트가 여러 권이 되면 내용 정리가 분산된다. 서브노트는 되도록 단권화 하는 것이 좋다. 문제풀이를 하면서 정리된 내용을 개념노트에 추가하여 기입하는 방법을 사용하면 하나로 단권화 할 수 있다. 정리할 여백이 부족하다면 포스트잇을 사용하여 노트에 붙이면 된다.

오답노트를 만드는 목적은 분명하다. 오답을 반복하지 않고, 오답과 관련된 심화지식의 부족을 보완하기 위해서이다. 심화 문제의 경우, 자료나 사례 등을 이용해 선지를 복잡하게 만들기도 한다. 따라서 오답 노트 자체를 만드는 데 시간을 들이는 것보다는, 오답의 선지를 올바른 답으로 바꾸는 훈련을 하는 것이 중요하다. 문제 풀이를 한 후 문제에 대한 해설을 다시 익힌 후, 맞는 선지로 만들어 보는 것이 '문제 풀이를 통한 실력향상'의 핵심이다.

신유형 문제와 친해져라

상위권의 내신 성적이나 수능에서의 고득점을 위해서는 새로운 유형의 문제에 익숙해져야 한다. 문제를 유형별로 분석한 문제집을 한두 권 구입한다. 기출문제 분석은 문제별 해설의 차이가 있겠지만, 유형별 분석은 비슷한 경우가 많다. 스스로 문제를 풀면서 선지에 올바른 답을 만들어 보는 훈련을 하게 되면, 문제유형에 대한 감을 잡을 수 있게 된다. 학생 입장에서 대개 신유형 문제들을 접해본 기회가 없다. 따라서 신유형 문제 풀이에서는 정답 맞추기에 초점을 두기보다는 어떤 경향성을 가지고 출제하는지를 알고 출제자의 의도를 파악하는 것에 초점을 둔다. 문제집에 동영상 강의가 함께 제공되는 경우, 해설을 담은 동영상 강의를 들어보면서 익혀나가야 한다. 그래야 새로운 유형의 문제를 만나더라도 당황하지 않고 배정된 과목의 풀이시간 내에 모든 문제를 다 풀 수 있게 된다.

과학교과에 대해 선입견을 갖지 말자

과학 교과목은 서로 공통적이기도 하지만, 각각의 학문적 성향에 의해 차별성도 있다. 이공계열 뿐 아니라 의학계열을 전공하는 학생들에게도 물리학은 필수과목이다. 암기만으로는 좋은 성적을 낼 수 없는 대표적인 과학 교과목이 물리이다. 학생들의 학습 성향에 따라 물리에 대한 선호도가 극명하게 차이가 나기도 하지만, 수학실력이 기본이 되어야 한다는 이유와 맞물려 '물리학은 어렵다'는 학습적 선입견이 있는 듯하다.

대학 진학을 위해 수능 교과목을 선택하는 상황에서, 2022학년도부터는 문/이과 구문이 없이 탐구교과영역에 있는 사회교과군과 과학

교과군 중에 선택하도록 바뀌었다. 하지만 과학과목을 선택하지 않고 자연계열의 상위권 대학을 지원하는 것은 어려운 경우가 대부분이다. 그래서 과목 선택도 높은 등급을 받기에 유리한가 아닌가에 따라 선호가 바뀌는 것도 사실이다. 수험생의 입장에서는 내신과목이 아니라면 굳이 다른 과학교과 학습에 대해 고민할 일은 없을 것이다. 다만, 좋은 점수를 내기 위한 효율성을 우선으로 과학교과를 선택하는 경향이 많으므로 정작 대학진학 후 고등교육과정을 배워나가는데 기초가 부족한 경우가 많다는 것이 안타깝다.

과학 교과목이 중요한 이유가 있다. 국영수가 중심적인 교과목으로 평가받는 시대이지만, 지금의 학생들은 4차 산업혁명의 중심에 있는 세대이기 때문이다. 다가오는 시대는 융합적 사고를 필요로 한다. 따라서 교과목 학습의 수월성을 우선시하며 특정 과학 과목에 대해 편향적 회피를 하기보다는, 과학 학습이 자신의 삶과 미래를 위한 기본적인 준비이자 연결고리라는 관점을 가지고 공부하기 바란다. 그렇게 한다면 과학 교과의 놀라운 매력을 알게 되고 새로운 지식을 넓혀가는 즐거움을 반드시 찾을 수 있게 될 것이다.